Yo soy amor | Mi alma no tiene límites
Gabriel López

© 2024, Gabriel López

ISBN: 979-8-9902825-0-6

Asistente de producción: Alejandro López

Coordinación editorial y diseño: Alicia Monsalve

Cuidado de edición: Itsia Vanegas

Escanea aquí
con tu móvil:

Contactos:

Gabriel López
Médium - Maestro Psíquico

Website:
www.mediumgabriellopez.com

IG: medium.gabriel

Quedan prohibidos, dentro de los límites establecidos en la ley, la reproducción total o parcial de esta obra por cualquier medio o procedimiento, ya sea electrónico o mecánico, el tratamiento informático, el alquiler o cualquier otra forma de cesión de la obra sin autorización previa y por escrito del titular del copyright 2024.

Gabriel López

YO SOY AMOR

MI ALMA
NO TIENE LÍMITES

Índice

Un mensaje para ti 7

Mi historia 8
Descubrir y aceptar 11
Ayudar a otros 13

Crecimiento espiritual
Liberación 18
Nuevos horizontes 20
Mi evolución como médium 22
"Su hijo es un médium" 31

Mis experiencias
Lo que puedes aprender en una consulta 34
Cada sesión es única 41
Formas de percepción 49
Leer el aura 52
Señales 57
Trances y canalizaciones 62
Otras manifestaciones 65
Energías oscuras 67
Suicidas 69
Crímenes 73
Desapariciones 75
Secretos familiares 77
Almas de bebés y no nacidos 86
Procesos de reencarnación 89
Tu Ángel Guardián 92
Comunicación con ángeles y arcángeles 94

En busca de tus dones

Descubrir tu mediumnidad..**96**
Si tu hijo o hija tiene un don...**104**
Rutinas y desarrollo perceptivo..**106**
Técnicas de autoafirmación...**110**
Elevar tu conciencia..**112**
Trabaja en ti...**114**
Equilibrio holístico..**118**
Cómo comunicarte con el otro plano...**121**

Mi alma no tiene límites

Sanar el pasado...**128**
El perdón..**134**
Practicar la gratitud..**136**
Sobre el amor y sus infinitas variantes...**139**
Hablemos de la felicidad..**143**
La Ley de Atracción..**144**
Superar los temores..**146**
El desapego..**149**
Alcanzar la paz..**151**
La muerte no existe...**153**
Despedir a nuestros muertos...**156**
En busca de la luz...**157**
Yo soy amor...**159**
Vive como si fuera tu último día...**161**

Preguntas frecuentes y elementos de protección....................**163**
Acerca del autor...**172**

Un mensaje para ti

Si llegaste hasta aquí es porque quieres saber un poco más de mí, de los seres queridos que se han ido a otro plano, y de este mundo espiritual. Déjame decirte que llegaste al lugar correcto. Solo te pido una cosa: **QUE ABRAS TU MENTE**, ya que así vas a poder sanar, vas a poder entender que los seres fallecidos siguen con nosotros y que la muerte solo es física. Conmigo vas a poder sanar, vivir, saber y entender que la muerte no existe, que sí hay un más allá y que desde ese lugar nos guían, nos protegen y nos acompañan.

—Gabriel López

Mi historia

Soy el menor de tres hermanos. Durante mi gestación, desafortunadamente mi madre desarrolló preeclampsia y sufrió un cuadro de hipertensión muy severo. Como consecuencia de ello nací prematuramente, a los siete meses, a pesar de que los obstetras y perinatólogos no daban esperanzas antes de que mi madre diera a luz. Los médicos estaban asombrados, pues pensaban que era improbable que sobreviviera a un parto prematuro.

Debido a las circunstancias que rodearon mi nacimiento, mi madre me puso de nombre Gabriel sin darse cuenta de que nací el Día de los Arcángeles, el 29 de septiembre. El médico le sugirió que me llamara también Jesús, por lo que me convertí en Gabriel Jesús. Esto se debió a la naturaleza milagrosa de mi llegada al mundo.

Al cabo de tres meses, me salió una hernia en el ombligo que hizo necesaria una operación de urgencia; sin embargo, no tenía el peso adecuado para someterme a la operación de alto riesgo. Tras la operación, mi pequeño cuerpo no resistió y fallecí.

A pesar de los intentos por revivirme, mi cuerpecito no respondió y el equipo médico me dio por muerto. Permanecí sin vida durante cuatro horas y se confirmó mi muerte clínica. El médico, que era de confianza, se abstuvo de comunicar inmediatamente la noticia a mi madre debido a que presentaba de nuevo una elevada tensión arterial, y la noticia podía precipitar una severa crisis hipertensiva.

Después de cuatro horas, no hubo más remedio que informarle a mi madre que las máquinas habían sido apagadas. Su bebé había muerto. Sin embargo, para asombro de todos, en ese momento comencé a llorar. El médico apareció desconcertado, llorando, y comunicó la situación a mi madre. A medida que pasaba el tiempo, durante mi niñez temprana, mis familiares observaron que no era un niño típico. La serie de acontecimientos, incluido mi nacimiento casi milagroso, mi fallecimiento tras la operación y mi regreso a la vida, quizá contribuyeron a que desarrollara o adquiriera la capacidad de médium.

Descubrir y aceptar

La educación católica de mi familia dificultaba la comprensión de mis experiencias. Recuerdo haber conversado desde muy temprana edad con mi bisabuelo materno, al que llamaba cariñosamente "abuelito". Aunque ya había fallecido, solía sentarme a la mesa a hablar con él, tranquilamente, conversaba y me divertía. Sin embargo, todo el mundo suponía que se trataba de mi imaginación.

Luego, a los siete años, cuando murió un ser querido -mi tío Alexis-, toda mi familia se reunió. Debido a la ocasión luctuosa, todos lucen compungidos, empiezan a llorar, y yo pregunto qué pasó, y me dicen que mi tío "se había ido de vacaciones", y que nunca volvería. Me pareció muy extraño, ya que de alguna manera lo veía allí, con nosotros. Informé a los demás que sus afirmaciones eran infundadas, ya que podía ver a mi tío presente a mi lado y no "estaba de vacaciones", como habían sugerido. Él ya me había hecho saber que había fallecido, pero quería que le dijera al resto de la familia que estaba en paz. La noticia sorprendió al grupo y les ayudé a asimilarla. Todos quedaron desconcertados por lo que había sucedido ante sus ojos. El pequeño Gabriel no era cualquier niño.

Mi tío, que efectivamente había fallecido de cáncer de garganta, me explicó que yo era simplemente un conducto para transmitir información. Aun cuando sólo tenía siete años me di cuenta de la importancia de aquello. Me hizo entender que poseer estas habilidades psíquicas era como tener un "súper poder" que pocos podían poseer y no me asustaba estar en contacto con él, que me hablaba desde el "otro mundo".

Percibo a mis seres queridos difuntos como a las personas normales. Cuando se comunican conmigo, les escucho como lo haría con una persona de carne y hueso. Comprendí y acepté mis experiencias psíquicas como normales mientras crecía. Sin embargo, a mi familia le resultaba cada vez más difícil comprender estas manifestaciones a medida que maduraba y desarrollaba mis capacidades.

Cuando era un niño de unos diez u once años, mi padre decide llevarme a un psicólogo, pues debido a su escepticismo mi situación se le iba haciendo cada vez más incómoda y preocupante. Durante la consulta, la psicóloga me preguntó: "Gabriel, ¿qué te pasa?". Le respondí: "Tu abuelita está aquí y va vestida así... ¿Es así como la recuerdas? Ella desea que te suministre esta información".

Entonces, la psicóloga no pudo contener la emoción y comenzó a derramar lágrimas. Salió del consultorio llorando, ostensiblemente afectada por lo que había ocurrido y se acercó a mi padre, informándole que yo poseía un don y que ella consideraba que era un milagro. Mi padre, poco dispuesto a aceptarlo, se molestó y, sin hacer el menor caso a la tesis de la psicóloga, exclamó: "¡Nos vamos!".

Después de visitar a esa psicóloga, me llevaron a una parapsicóloga unos días más tarde. Un parapsicólogo es un especialista que investiga fenómenos paranormales para determinar su autenticidad. Durante mi examen con la parapsicóloga, ésta confirmó que yo poseía un don. Concretamente, indicó que mi alma era "un alma vieja" y que tenía facultades de médium. Una vez más, mi padre se negó a aceptarlo a pesar de las pruebas presentadas. Es más, optó por abandonar inmediatamente la consulta de la parapsicóloga.

Ayudar a otros

Llegué a los trece años y sentía una necesidad de mostrar al mundo todo lo que yo tenía, el don que poseía, y necesitaba que todos me creyeran. Sentía un profundo deseo de mostrar mi don y convencer a todos de su legitimidad. Empecé a realizar sesiones con familiares y amigos, e incluso las amplié a los amigos de mis amigos y conocidos, todo ello en un esfuerzo por demostrar mis habilidades y ganar aceptación.

Sin embargo, a pesar de mis esfuerzos, seguía sintiendo un inmenso vacío. No fue hasta que cumplí los catorce años cuando un acontecimiento crucial supuso un cambio significativo en mi vida. Fue cuando comprendí que no necesitaba demostrarle nada a nadie. Un pariente fallecido me dijo entonces: "Gabriel, sientes un vacío porque no crees en ti mismo". Posteriormente, comprendí que debía tener fe en mí mismo, que tenía que darme importancia y cuidar mi autoestima. Cuando empecé a creer en mí mismo, todos mis familiares, incluso mi padre, empezaron a tener fe en mí.

Como procedía de una familia católica, también asistía a un colegio religioso, y por consiguiente allí no podía expresar mis pensamientos, usar mis dones o demostrar mis facultades. Sin embargo, ocurrió algo interesante cuando tenía catorce años. Mientras estaba en clase, mi prima, que también iba al mismo colegio, perdió su teléfono y se acercó a mí para pedirme información sobre quién se lo podría haber llevado. Sospechaba que se lo habían robado y quería identificar al culpable. En ese momento, revelé la identidad de la persona que se había llevado el teléfono, ya que los familiares difuntos me habían informado de ello. Cuando las autoridades de la escuela registraron las pertenencias de la persona que le había indicado a mi prima, efectivamente, esa persona tenía el teléfono en su poder. Ese hecho fortuito provocó un problema colateral, pues algunos maestros y profesores, que estaban presentes cuando ella me consultó, se dieron cuenta de que yo había compartido esta información con mi prima.

Recuerdo que, al día siguiente en la mañana, cuando me tocaba ir a clase, la directora me llamó y me preguntó, cómo podía haber sabido con tanta precisión quién había cometido el hurto, si yo no lo había presenciado. Dijo que, si las cámaras estaban apagadas, cómo fue que yo me di cuenta de eso sin que lo hubiese podido ver, porque ella sabía con certeza que yo estaba en clases. No tuve palabras para responderle, pero recuerdo que le pedí psíquicamente a mis seres queridos que me ayudaran, y así fue como me salvaron de tener que darle una explicación. Súbitamente entró una profesora a la oficina y cambiaron de tema, y en el descuido me pude escabullir del lugar donde me interrogaba la directora.

Cuando tenía trece años, empecé a dictar cursos y a prestar asistencia curativa a tres personas con cáncer. Los testimonios confirman que la curación, realizada mediante imposición de manos, tuvo éxito. Cuando cumplí quince años, amplié mi asistencia para ayudar a muchas más personas a comunicarse con sus seres queridos en el más allá.

Desde entonces me he dedicado a ayudar a otras personas como yo, que poseen habilidades psíquicas, a desarrollar sus dones, aceptar sus capacidades y comprender cómo utilizar su poder para ayudar a los demás.

Después de cumplir diecisiete años, empecé a ayudar a los demás con mayor frecuencia, impulsado por amor y convicción de mi misión de vida. A medida que profundizaba en mi mediumnidad, dominaba mi don de forma más deliberada y hábil.

Cuando se trata de asuntos espirituales, mi corta edad parece no tener importancia, es como que a medida que desarrollo la capacidades paranormales, puedo comprender y proporcionar a las personas lo que necesitan recibir en ese momento, sin tener que hacer un esfuerzo extraordinario, es algo que fluye naturalmente, pues la información necesaria aparece en mi mente y puedo brindarles lo que necesitan, independientemente de mi juventud o de mi experiencia, por ejemplo tengo acceso a datos, memorias y conocimientos sin tener que haberlo estudiado con anterioridad.

Actualmente tengo dieciocho años y pronto cumpliré diecinueve. ¿A dónde voy? Al reflexionar sobre mi futuro, he llegado a comprender que la vida me ha otorgado un don que puede ser difícil de sobrellevar. La historia de ser médium es compleja, ya que negarte a reconocer que posees tales dones puede dar lugar a una vida difícil, además de que estás en constante enfrentamiento con un mundo que se niega a aceptar tus habilidades como algo tangible.

Muchas personas no me apoyaron ni me creyeron durante ese periodo. Yo podía percibir lo que pensaban de mí. Sus creencias eran a menudo negativas: pensaban que estaba loco, que mentía o que me drogaba. Sin embargo, cuando comencé a tener confianza en mí mismo, todo cambió.

Este momento de transformación se produjo porque creí en mí

y en mis habilidades. La gente que me rodeaba también empezó a creerme. Les cuento un poco mi historia para que comprendan que cuando crees en ti mismo, en cualquier aspecto de tu vida, podrás conseguir lo que te propongas. La vida es mucho más que lo que ves, de lo que sientes, lo que aspiras o crees que quieres.

Esta es la historia de Gabriel. ¡Dios te bendiga!

—**Gabriel López**
Madrid, 31 de agosto de 2023

Crecimiento espiritual

Liberación

En las páginas anteriores hablé de mis primeras experiencias. El obstáculo más difícil fue convencer a mi familia de que aceptara mi don. Desde entonces he aprendido a incorporar positivamente esta capacidad a mi vida y a utilizarla en beneficio de los demás.

Mi principal objetivo ha sido siempre ayudar a los que me rodean. Sin embargo, también me hice consciente de que en primer lugar debo ayudarme a mí mismo, adquiriendo la confianza y la claridad necesarias para compartir mi don espiritual, pero me quedaba mucho por aprender y desarrollar para adquirir dominio, comprensión y autocontrol, ya que mi deseo de ayudar era inmenso.

Yo tenía esa necesidad de demostrarle a mis familiares y a mis amigos que sí existía la vida después de la muerte y que mi don era real. Empezaba a hacer sesiones con ellos, hasta sin que me lo pidieran, hablándole a las personas para que creyeran en mí, pero algo pasaba conmigo desde los diez hasta los catorce años.

Había una energía negativa que me perturbaba. Oía una voz que me decía: "suicídate", y que me mostraba cosas fuertes. Era una energía que se manifestaba como una mancha negra y oscura. Entonces escuchaba su voz y me mostraba cómo esa entidad había sido en sus vidas pasadas y las barbaridades que podía hacer. Me sobrecogía esa presencia, pero nunca se me pasó por la cabeza hacer lo que me pedía. Cuando tenía trece años, me encontré con tres personas que expresaron su intención de suicidarse. Pude prestarles una ayuda que acabó salvándoles la vida. En la actualidad, esas tres personas siguen en contacto conmigo. A través de mi propia experiencia, pasé de una posición de oscuridad a la de ser un recurso útil para muchas personas necesitadas.

En aquel momento era difícil para mí hablar de este tema con alguien, y me sentía muy solo. Intenté describir las cosas desagradables que me mostraban las energías oscuras, pero quienes me rodeaban eran incapaces de visualizar mi perspectiva. Aunque mi madre, mi tía y otros familiares se ocupaban de mí, no me proporcionaban el apoyo que necesitaba, les era ajeno ese tema y no comprendían mi situación.

Recibí orientación y técnicas de mis seres queridos fallecidos para gestionar y eliminar la energía negativa. Con su ayuda me propuse desarrollar mis habilidades como médium y embarcarme en mi viaje espiritual.

Nuevos horizontes

La situación económica y política en Venezuela, mi país de origen, era sumamente difícil. En consecuencia, mi madre decidió que trasladarnos a Argentina era nuestra mejor opción. Viajé con mis dos hermanos y mi madre, y fue una experiencia novedosa para mí, ya que nunca antes había viajado.

La mudanza me brindó muchas oportunidades de ayudar a los demás y de adaptarme sin tantas complicaciones. Sin embargo, justo cuando empecé a visitar hogares para prestar ayuda, surgió la pandemia.

No pude continuar reuniéndome en persona porque estábamos encerrados, pero como la pandemia duró mucho tiempo, también empecé a utilizar más las redes sociales, y eso me dio la oportunidad de poder ayudar a gente en muchos otros lugares sin necesidad de movilizarme. Comprobé que mis capacidades psíquicas podían funcionar incluso a través de Internet.

Mudarnos a Argentina fue la mejor decisión que tomamos como familia. Acostumbrarse a un nuevo país no es fácil y requiere un proceso de adaptación, de apertura, de crecimiento. Primero tuvimos que familiarizarnos con las costumbres, la cultura y la forma de hablar de la comunidad argentina. Debimos aprender a relacionarnos con la manera de vivir en un nuevo ambiente y sentirnos como en casa, pero gracias a ello pudimos comprender y apreciar mejor las oportunidades que habíamos tenido y a unirnos como familia. Fue difícil volver a sentirnos como en casa, pero poco a poco pudimos superarlo, aclimatarnos y apreciar mejor nuestro nuevo entorno.

Por suerte, mi familia y yo siempre hemos estado unidos, lo que nos ha ayudado a mantenernos fuertes. La situación no me afectó mucho porque no estoy atado emocionalmente a lugares, amistades o situaciones concretas. Simplemente disfruto dondequiera que esté.

Después decidimos mudarnos a España y tuvimos que adaptarnos otra vez a un nuevo entorno. A través de nuestras experiencias, me hice una idea de los retos a los que se enfrentan quienes se ven obligados a abandonar sus hogares o son testigos de cómo sus seres queridos se marchan y se quedan solos por diversas razones, y de esta manera también cuento con las vivencias necesarias para brindar ayuda a quienes viven estos procesos.

Mi evolución como médium

Cuando tenía catorce años, recuerdo haber pasado tiempo con un grupo de compañeros de mi edad. A pesar de tener confianza en mí mismo y reconocer mis capacidades, me abstuve de compartir con este grupo los dones que poseo. Esto no se debía al miedo a que me trataran con incredulidad, sino más bien a la preocupación de que su percepción acerca de mi persona pudiera alterarse. Mi intención era que me vieran como a un amigo cualquiera, sin ningún tipo de trato preferencial.

Cuando tienes facultades, muchas veces hay gente que te conoce, te trata de una manera increíble, simpática, y de repente, cuando se enteran de lo que haces, pueden actuar de dos maneras: o se alejan —el que no te quiere, o teme lo que eres—, o el que sí cree en ti se acerca y te trata de otra manera. Por eso no quería que lo supieran, porque ya había vivido esas experiencias con anterioridad, y no quería que me pasara con ese grupo.

Sucedió que cuando se enteró mi grupo de amigos, se acercaron más a aceptar lo que yo tenía. Dijeron que era increíble, espectacular, que eso era un poder especial, y pues yo me sentí bien, porque decían cosas bonitas, cosas buenas. Me gustó que se lo tomaran bien, pero a la vez reconozco que me sentí un poco raro, porque empezaron a tratarme de una manera diferente.

Cuando tenía quince años, una vez que me radiqué en Argentina, me enfoqué más en mis dones y comencé a ayudar a muchas personas con sus seres queridos. Estaba preparado para esta tarea y ansioso por ganar reconocimiento. A medida que crecían mis habilidades como médium, se hizo evidente que necesitaba ayudar a las personas a comprender que sí existe la vida después de la muerte, porque ya estaba listo para eso. Yo me quería dar a conocer, y en mi desarrollo como médium sentía la necesidad de hacerle entender a las personas que sí existe vida después de la muerte.

Era una fuerza irresistible que me impulsaba a ayudar a cualquiera que me encontrara. Mientras recorría las calles, ofrecía información no solicitada sobre sus seres queridos a personas al azar. Ocasionalmente, los detenía en su camino y les impartía conocimientos. Además, recurría a grupos de WhatsApp, Instagram, Facebook o incluso retransmisiones en directo para exponer asuntos relacionados con familiares fallecidos. Además, extendí estos servicios a regiones vecinas, provincias e incluso más allá de Buenos Aires.

Así fue como poco a poco muchas personas empezaron a solicitar mi ayuda. Se ponían en contacto con mi hermano y le decían: "Me gustaría que Gabriel dirigiera una sesión, tengo curiosidad, necesito preguntarle para determinar su validez". Yo visitaba sus casas y hacía sesiones públicas o privadas para facilitar la comunicación entre las personas que solicitaban mi ayuda y sus seres queridos. Muchas de estas sesiones quedaron documentadas en vídeo.

Recuerdo haber realizado una consulta para una mujer en un lugar público, cuando su marido llegó inesperadamente. La consulta en sí fue extraordinaria, pero la presencia del marido en ese momento no estaba prevista. La mujer estaba sorprendida, y le preguntó: "¿Qué te trae por aquí?". El marido declaró que tenía experiencia con la práctica espiritual. Yo me reí, porque me hizo un cumplido, comentando la fuerte luz que me rodeaba y agradeciendo mi presencia en el lugar. Yo no entendía por qué me daba las gracias, pero él me explicó: "Necesito tu ayuda para limpiarme, eliminar la negatividad y aprender cosas nuevas de las que no soy consciente". Como médium, respeto a todas las religiones, creencias espirituales y personas, y me abstengo de juzgar o criticar a nadie. Invité al marido a sentarse y unirse a la sesión, ya que había mostrado respeto hacia mí. Durante la consulta, hablé de sus seres queridos y le ayudé a superar las influencias negativas que le afectaban. Expresó su sincera gratitud por mi ayuda, ya que no se había encontrado antes con semejantes percepciones, ni entre sus compañeros de culto ni en sus propias investigaciones.

En esa comunidad, que visité puerta por puerta, me encontré con una mujer que había residido anteriormente en Chile y posteriormente se había trasladado a Argentina. Había vivido una relación tóxica y albergaba fuertes impulsos suicidas. Recuerdo perfectamente haber hecho una sesión con ella como si yo fuese una persona diferente, estaba desconectado de mi yo habitual y poseído por un espíritu que hablaba a través de mí: estaba en trance. Lo que sé es que no estaba al mando de mi cuerpo ni de qué estaba hablando, en el sentido de que no sabía cómo estaba diciendo todo eso, no sabía de dónde venían las palabras. Lo único que pude ver fue cómo la chica estaba conmocionada y le salían lágrimas de los ojos. Cuando terminé, me dio un fuerte abrazo y me dio las gracias. En el fondo, por lo que vi, y por lo que entendí, ella vio sentido a su vida, empezó a entenderse a sí misma. Durante la consulta inicial, la paciente reveló su deseo de suicidarse y expresó un profundo sentimiento de desesperanza.

Sin embargo, también informó de que esta experiencia la motivó a encontrar un sentido a su vida y a seguir adelante. Fue gratificante para mí ver los progresos que hizo, y me alegré de poder apoyarla en su desarrollo personal y espiritual.

En esos días, recuerdo que hice una visita a una tienda de comestibles en la que no pude evitar compartir con la cajera cierta información que me estaban facilitando sus seres queridos. Ella se sorprendió y me preguntó cómo lo sabía. Aunque para mí se trataba de una conversación tan informal como preguntar cómo le fue el día en la playa, esto pareció asombrarle mucho. Observé que seguía con cara de pasmo, atrayendo la atención de otros clientes. En consecuencia, decidí marcharme rápidamente antes de que pudiera hacer más preguntas. Así pasé mis días: asistiendo a sesiones, conversando con las personas que conocía en la calle y aprovechando cualquier oportunidad para mejorar mis habilidades y adquirir conocimientos a partir de esas experiencias. Entonces vino la pandemia y todo cambió bruscamente.

A pesar del momento difícil que todos estábamos pasando con la enfermedad, el miedo y el encierro, yo quería hacerme conocer más, quería seguir ayudando a las personas, pero no se podía salir del hogar. Así que empecé a buscar opciones y aprendí a utilizar más las redes sociales, que fueron la respuesta indicada para el momento que vivíamos y para poder ampliar sustancialmente mi ámbito de acción.

Empecé a organizar transmisiones en directo por Instagram con varias personas simultánea o consecutivamente. No se trata simplemente de una sesión en directo con una persona, seguida de otra sesión en directo, sino de muchas personas una tras otra. De hecho, los visitantes de mi cuenta durante este periodo observarán numerosas sesiones en directo, en las que varias personas hacen acto de presencia y yo relato información sobre sus seres queridos, una tras otra. Una sesión puede abarcar a tres, cuatro o cinco personas, a cada una de las cuales informo en directo sobre sus seres queridos. Luego hacía entrevistas y las personas a las que entrevistaba añadían más gente. Poco a poco empecé a ayudar a miles de personas a comunicarse con sus seres queridos en el otro plano y a dar consejos a quienes no veían el sentido de su vida. Y ese joven, que antes se sentía motivado para seguir ayudando, comprendió que estaba en el camino correcto y haciendo lo que debía hacer. Antes de la pandemia, reconocía mi don para ayudar a la gente, pero no siempre veía resultados ni comprendía su propósito.

Tenía un deseo innato de ayudar a la gente y pensaba: "Si yo los busco, ¿por qué no me buscan ellos a mí para que yo pueda ofrecerles mi ayuda?". A pesar de los obstáculos a los que me enfrentaba, persistía en mis esfuerzos. Con el tiempo, las personas a las que ayudé volvieron a pedirme ayuda y, poco a poco, más gente me buscó para que les asistiera con sus seres queridos.

Actualmente estoy haciendo sesiones en línea, gracias a que ese chico de quince años, de hacer tantas sesiones, empezó a madurar mucho más en su mediumnidad, a entender muchas más cosas sobre la espiritualidad, empezó a experimentar y a socializar con gente espiritual. Se dio cuenta de que hay cosas buenas y cosas malas, siguió formándose, hablando con personas que son médiums, e incluso con personas que se hacen pasar por médiums y hasta con personas que quieren absorber tu energía o quieren manipularte para hacer cosas malas. Aprendí de todo eso, porque también hay que saber defenderse de lo nefasto y sigo día a día en ese camino de aprendizaje.

Recuerdo una de las entrevistas que concedí, fue magnífica, pero la persona que me entrevistó tenía una hermana a quien le gustaba el tarot y le interesaba el campo espiritual. El padre practicaba brujería. Y la hermana me dijo que quería hacer un curso conmigo. Ella estaba emocionada, y yo también, porque iba a ser mi primer curso, pero recuerdo que algo me decía que no lo debía hacer. Sentía que la chica y el padre se querían aprovechar de mí, querían aparentar algo para que yo lo hiciera y luego poder usar lo que habían aprendido conmigo. Cuando dije que no, ella no pudo ocultar su incomodidad, y no quiso seguir hablando conmigo. Para mí fue algo normal, porque le dije que no era el momento. Así comprendí que cuando una persona se pone desesperada, ansiosa, agresiva, significa que la intención que tiene contigo no es buena. Al tiempo me enteré de que el papá hacía cosas malas y empezó a dar cursos, pero no le salían las cosas bien. Pensé, "menos mal que no hice nada de esto, porque mi salud espiritual y mi reputación también iban a perjudicarse". Mi intuición me salvó de una mala influencia, aunque a veces no escuchamos nuestra intuición. Ese es un gran aprendizaje, escuchar a tu voz interior cuando te envía señales de peligro.

Luego, a los dieciséis años, y cada vez que cumplía un año más, mi espiritualidad crecía, aprendía más, es como si cada cumpleaños fuera un nuevo despertar para mí. Siempre he dicho que cada cumpleaños es una culminación y un comienzo. Y ese fue el inicio de un periodo en el que mis habilidades psíquicas estaban en auge.

Mi cumpleaños, ya lo dije, es el 29 de septiembre, el Día de los Arcángeles, así que disfruté mucho, y me dije: "cada cumpleaños disfrútalo al máximo, con una sonrisa, con alegría porque no sabes lo que te depara el destino".

Empecé a ayudar a mucha gente. Recuerdo que el día de mi cumpleaños hice un programa en directo, hablé de los arcángeles, de los ángeles, y a partir de entonces mucha gente que me conocía y otros que no me conocían empezaron a seguirme, a verme en mis transmisiones en vivo y a hacerme preguntas.

Cuando llegué a esa edad, se produjo un cambio muy fuerte en mí como persona y también en mi familia. Empecé a ayudar a más personas por Internet, a muchísima gente. Luego, cuando cumplí diecisiete años, seguí haciendo aún más sesiones, pero también llegué a comprender que quería algo más. No sólo por mis habilidades psíquicas, quiero decir algo más: seguir ayudando a la gente con sus seres queridos y demostrar que hay vida después de la muerte, pero me di cuenta de que lo que más quería era ayudar a la gente que, como yo, tenía el don de las habilidades psíquicas. Quería poder ayudar a la gente que tiene este tipo de habilidades a manejar lo que implica estar dotado con estos dones porque es difícil llevarlo sobre tus espaldas. Y es que a mí me gusta ayudar a las personas, pero me apasiona mucho más ayudar a quienes tienen este don.

Una persona vino a verme y me dijo: "Mira, aquí está mi hijo de trece años, necesito que me digas si tiene un don, porque si no, lo voy a llevar al psiquiatra. Ya lo he llevado al psicólogo y me dicen que no pueden hacer nada". Y le dije: "Sí, es verdad, tiene un don. Apóyalo, ayúdalo. No lo lleves al psiquiatra, él está bien". Ella me dijo: "Demuéstrame que existe, demuéstrame que es verdad". Empecé a demostrarle por qué, empecé a contarle muchas razones, y al final me contestó que ella creía en su hijo en el fondo, pero su marido, que es una persona machista, con una personalidad fuerte, le grita a su hijo porque no le cree. Le dije: "Debes apoyar a tu hijo como madre.

También tienes que manejar mucho mejor la situación con tu marido y entender que esto puede causar un trauma a tu hijo, tanto si le gritas como si no", y ella me dijo: "Claro, pero no sé cómo hacerlo". Le contesté: "Lo que antes querías que tu padre no hiciera, ahora permites que se lo hagan a tu hijo". Me miró, esbozó una sonrisa de aprobación y me dijo: "Tienes razón. Voy a empezar a corregirlo". Ver y notar eso es muy importante en mi vida. El aprendizaje no para, porque cada sesión, cada experiencia, es distinta.

En esa época también empecé a aprender mucho más sobre las limpiezas energéticas. Cómo limpiar a una persona espiritualmente, cómo limpiar el cuerpo y el aura de la persona. No necesariamente sanando, sino limpiando a la persona para que no tenga ningún malestar en el cuerpo, cómo eliminar una entidad negativa, cómo atraer dinero, cómo atraer abundancia, cómo atraer cosas buenas para que vengan a nosotros. Llegó un momento en que empecé a trabajar con muchas energías diferentes.

Tienes que aprender a discernir los distintos tipos de energía, porque no es la misma energía cuando haces una sesión, cuando haces una limpieza, cuando practicas Reiki, o cuando quieres limpiar la casa de alguien. Todas son energías, pueden parecer iguales, pero son completamente diferentes y se comportan de una forma diferente también.

Es como ocurre con las barritas de incienso. Hay diferentes fragancias, entonces no puedes decir que una es igual que otra, porque quizás no te va a gustar una en particular pues prefieres una distinta. Es así con la energía, debes ver con qué energía vas a hacer la limpieza y en qué momento, porque también aprendí que todo tiene su momento. Cuando me inicié haciendo sesiones no me bloqueaba ni preparaba ninguna protección para lo que iba a enfrentar. Las energías oscuras y entidades negativas se me acercaban en las sesiones y me mostraban cosas que no existían, me confundían. Entonces empecé a pedirle ayuda a mi difunto tío, le dije: "Ayúdame, dame las respuestas correctas". Y así fue, empezó a ayudarme y a darme las respuestas correctas, me enseñó a reconocer lo que era una energía negativa y mucho más.

Después de recibir esta ayuda, pude ver que los espíritus se manifestaban correctamente en las sesiones, y recuerdo que él me aconsejó: "empieza a hacer bloqueos, empieza a hacer limpiezas, bloquéate antes de hacer una consulta, haz una protección para que no entre ninguna entidad negativa en ti. A lo mejor la persona que se está haciendo la sesión, alguna entidad u otra persona quieren hacer algo malo, cualquier cosa puede pasarte mientras estás haciendo la consulta, y eso podría afectarte o también a la persona que se está consultando". Así empecé a prepararme antes y después de cada sesión. Esto me ayudó mucho a protegerme y a recuperar mi energía cuando las sesiones son muy fuertes. Organicé mi horario, fijé una hora para hacerlo, tiempo para mí y días libres.

"Su hijo es un médium"

El momento crucial de mi crecimiento espiritual se produjo cuando mi padre y yo logramos evolucionar nuestra relación y él me aceptó incondicionalmente con mis habilidades psíquicas como una parte intrínseca de mi personalidad. Este paso fue el resultado de mis esfuerzos por aumentar mi autoconfianza. Sin embargo, la gratitud y la admiración expresadas por las personas a las que ayudé fue lo que realmente contribuyó indirectamente a que pudiese alcanzar mis objetivos sin necesidad de persuasión.

Antes de que mi padre me creyera, él pensaba que las manifestaciones de mis habilidades psíquicas eran una invención mía. Aunque continuamente intentaba demostrárselo, no conseguía convencerle. Su actitud sólo cambió cuando numerosas personas vinieron a casa en busca de ayuda. Sin embargo, a pesar de las pruebas que yo presentaba y él se negaba a aceptar, su opinión no cambiaba. Solo los hechos pudieron hacerle cambiar de opinión.

Él iba caminando por la calle, y la gente le decía: "¿Cómo está tu hijo?", "Gabriel me ayudó mucho", "Es una persona increíble", "¿Cómo me pudo decir cosas tan impactantes de mi madre?". Venían a buscarme, tocaban la puerta y le decían: "¿Dónde está Gabriel? Lo quiero conocer". "Es una persona maravillosa. Me han dicho que es una persona mágica, alguien que ha ayudado a tal o cual". "Ayudó a mi mamá, quiero agradecerle". Fueron tantas las personas que vinieron que le hicieron comprender que yo en verdad las ayudaba. Aunque todavía tenía dudas acerca de lo que significaban esas facultades, llegó el momento que tanto esperaba. Mi padre me dijo: "Me siento orgulloso de saber de tantas personas a quienes tú has ayudado y te felicito. Sé que por mucho tiempo no te pude creer, pero ahora es imposible ignorar los testimonios de todas las personas y de todos los medios. A la única persona a quien le creo es a ti. No le creo a nadie más. Te creo a ti como médium y las cosas que haces", esas fueron las palabras.

¡Me sentí tan contento! No tanto porque me creyera, ni porque me apoyara y comprendiera que lo que yo tenía era real, sino porque vió que cada vez que ayudaba a una familia, podía ayudarlo a liberarse también. Y empezó a aceptar, se abrió, dejó que las cosas fluyeran, aunque antes ¡estaba tan cerrado! Lo que hizo que él cambiara no fue el que yo le siguiera insistiendo —porque después ya no le insistía más—, sino ver los resultados de tantas cosas que hice desde pequeño que podían ayudar a muchas personas.

Vivíamos en una urbanización. Dictaba cursos en el centro cultural y ofrecía sesiones en vivo. Solo después de que tantas personas se le acercaron a mi papá y le dijeron: "¿Cómo te sientes al tener un hijo así con ese don?". Con el tiempo, el día menos pensado, mi papá me pidió un favor: "Quiero que tú ayudes a esta persona". Fue un logro para mí. Antes de eso, también me había dicho que ayudara a un familiar muy cercano que tenía cáncer. Así fue el comienzo de una nueva etapa en la relación con mi papá, después de que se negaba a creer que tenía un hijo médium, ahora se siente orgulloso de saber que lo soy. Se dio cuenta de que no todas las personas pueden tener esa facilidad, pero al principio fue difícil que lo aceptara y comprendiera por sí solo, y la vida lo ha transformado al mismo tiempo que lo hizo conmigo.

Lo que puedes aprender en una consulta

Normalmente lo que le digo a la gente a quien veo en las consultas es que comunicarse con el ser querido fallecido es cerrar un ciclo, un nuevo comienzo en su vida. Cuando haces una consulta, puedes aprovechar para hacer un cierre a algo que te preocupa, un comienzo después de dejar atrás la carga de la culpa o la pena. Cuando lo hago, les digo que lo consideren un comienzo para continuar su camino, para reducir su miedo, para disfrutar de su vida. Es una frase que utilizo como algo constante, porque a veces donde estamos caemos en la rutina, o cuando perdemos a una persona importante en nuestra vida, un amor, un trabajo o un ser querido, eso no nos hace perder la vida, pero empezamos a creer que no tiene sentido la vida, y eso al final nos puede afectar profundamente, tanto física como mentalmente. La pérdida nos provoca rabia, tristeza, dolor. A veces, en verdad, lo que necesitamos es simplemente cerrar ese ciclo y comenzar una nueva etapa.

Además, cuando hablo de espiritualidad, no me refiero a practicar una religión, pero si tengo una religión, necesito una espiritualidad, y he notado muchas veces en nuestras vidas estas situaciones en las que las personas parecen ser religiosas, pero en realidad no tienen una espiritualidad, no practican los dogmas de su religión, no la viven, sólo fingen, aunque no lo hagan conscientemente.

Creemos que si un ser querido se va, no sabremos más nada de él. Creemos que es malo preguntar al ser querido, o que ya no tiene nada que ver con nosotros y lo que no sabemos es que todo es energía. Somos parte de la Fuente y no importa de qué religión seas, tienes que soltar tus creencias y abrirte para entender eso. Para mí, como médium, este es el sentido de mi relación con el mundo espiritual: YO SOY AMOR y MI ALMA NO TIENE LÍMITES.

Muchas veces actuamos automáticamente y no nos damos la verdadera importancia y decir YO SOY AMOR y MI ALMA NO TIENE LÍMITES nos hace entender el valor de la vida, el *namaste*. También siempre tengo presente decir "la luz divina en mí", o "qué entre la luz divina", porque eso es lo que manifiesto para llenarme de esa energía divina y poder ayudar a la gente a perdonar y a amar, a poder alcanzar la paz.

¿Qué es lo más impactante?

Lo que me asombra y aprecio ver es el cambio positivo en la persona al finalizar una sesión y me alegra mucho si llega triste y luego sonríe en la consulta. Lo que más me gusta de las sesiones es que se produce una transformación en la persona que participa en la sesión porque está cerrando un ciclo, está viendo el camino hacia una nueva etapa en su vida.

Pero no sólo veo finales felices, por eso tengo que ser fuerte y trabajar mucho espiritualmente para afrontar las visiones que se me presentan durante una sesión. Lo que más me perturba, por ejemplo, es cuando alguien me pregunta cuánto tiempo le queda de vida, y no se me permite decirlo, pero veo que le queda muy poco tiempo. También me impacta cuando hay revelaciones de sucesos muy trágicos, como cuando una persona me contó que su mujer le quitó la vida a su hija de cuatro años y luego se suicidó.

¿Cómo es una sesión con Gabriel?

En cuanto llega la persona o se abre el vídeo, cuando la veo sentada frente a mí, empiezo a percibir. Lo único que le pido a la persona es que me diga su nombre completo. Al momento que me lo dice, empiezo a percibir acerca de su pasado, su presente, cómo se siente emocionalmente y datos sobre su salud y sus problemas personales. A medida que percibo esto, se manifiestan sus seres queridos, los espíritus, los familiares. Y a medida que se manifiestan, la información que recibí al principio empieza a fluir y le doy toda esa información a la persona.

Muchas veces la gente viene a una consulta sin saber cuál es la dinámica de la sesión y están cargados de falsas expectativas. Durante el encuentro el médium no resolverá tu vida, ni las circunstancias de tu futuro, ni solucionará tus problemas del pasado, ni lo que tienes que aprender, pero sí te ayudará a centrarte en el desarrollo de tu alma, a sanar tu psique y a demostrarte al cien por cien que hay vida después de la muerte. Claro está, eso sucederá solamente si tú lo permites. Si no te abres será imposible que se dé el proceso de sanación.

No todas las consultas son iguales. Pero es probable que recibas mensajes de tus seres queridos con las características, los gestos, la forma de hablar del ser querido fallecido, y puede que te digan cosas que estás haciendo en tu vida terrenal que puedes corregir o situaciones que podrían afectarte. Y también puede que te hablen de tu pasado. Los seres queridos te contarán cosas de su infancia, una sesión es como si yo estuviera con esa persona cuando era muy pequeña, observo y le cuento toda su vida como si yo fuera su mejor amigo, aunque nunca estuve allí y nunca formé parte de su vida, o le empiezo a contar incluso lo que hace cuando se va a dormir, cuando va de compras, lo que piensa, lo que planea. Cuando el ser querido te cuenta todos estos detalles, es para que entiendas que el familiar está velando por la persona, acompañándola y guiándola, aunque no lo sepa o no se dé cuenta.

¿Qué puede obtener una persona de una sesión?

Tuve una experiencia con una persona que era muy escéptica. Grabó la sesión, me dijo, "no creo en esto", yo le contesté: "mucho mejor. Mientras más escéptica es mejor, no hay problema". Le pedí el nombre completo, y se manifestó el espíritu maternal. Cuando comencé a delinear los atributos distintivos, observé que el sujeto tenía reacciones emocionales discernibles y comenzaba a llorar. Sugerí entonces la percepción de que la entidad espiritual era de linaje materno. La persona en consulta confirmó esta suposición afirmando el fallecimiento de su madre y reconociendo las características como correspondientes a cómo lucía ella en vida. Tras esta confirmación, el espíritu materno ofreció detalles íntimos, como apodos cariñosos, expresiones de amor y palabras tranquilizadoras destinadas a mitigar cualquier sentimiento de culpa persistente en el hijo. Luego, a la mitad de la sesión, se manifestó su padre. Lo hizo de una manera agresiva, tan violenta que a mí me sorprendió, y se lo dije. Él me dijo que su padre era así cuando estaba vivo, fuerte, agresivo, impulsivo, pero en el fondo una persona muy buena, con una benevolencia subyacente. Procedí a proporcionar una descripción exhaustiva de las características del padre, incluida su propensión al consumo de alcohol, que el consultante verificó. Además, las percepciones olfativas me llevaron a identificar el consumo de tabaco. Por último, comuniqué datos específicos como la estatura y los atributos de la persona. El impacto emocional de esta revelación fue pronunciado, como demuestra el hecho de que el interlocutor reconociera entre lágrimas la veracidad de la información.

Después hablé con él sobre su salud, porque tenía un problema de estómago, pero él no lo sabía. Me escribió por WhatsApp, un mes después de la sesión, y me dio las gracias porque pudo prevenir algo peor. Le diagnosticaron ansiedad, de hecho le prescribieron medicinas para que controlara este aspecto, ya que le estaba afectando su salud gastrointestinal. En la consulta espiritual yo le había dicho que tenía que trabajar su paz, que estuviera tranquilo, que sus padres estaban bien, que no se sintiera culpable, y al cabo de un tiempo, cuando su pasado se había curado, me comunicó que dejó de tomar las pastillas. Le dije que también tenía una energía negativa que le perturbaba, que le causaba muchos problemas, en su trabajo, en sus emociones, en el recuerdo de su pasado, en la sesión le quité esa energía oscura y también dejó de sentir ese peso. Después me dijo que le iba muy bien en la empresa en todos los aspectos. También recuerdo que durante esta consulta su madre le habló de su vida amorosa. Ella le dijo que tuviera paciencia con su pareja y que no cometiera el mismo error que su padre, que era no escuchar, ser terco y obstinado. Él se rió y me dijo que era verdad. Con el tiempo, esta persona ha seguido en contacto. Me dijo que había cambiado, que se había dado cuenta de muchas cosas y que ahora la relación iba bien. Confesó que antes de consultar conmigo su expectativa era que quizás aparecieran su madre y su padre, pero que no esperaba que le diera toda esa información sobre sus progenitores, le contase cosas del pasado que apenas recordaba, y que no esperaba que le advirtiera sobre su salud. No sospechaba que tenía una energía negativa que lo estaba afectando y sobre todo no esperaba que su mamá estuviese pendiente de su pareja, ya que la relación entre ellas era muy complicada cuando su madre estaba viva. Afirmó que el hecho de que le hubiese dado consejos para mejorar la relación con ella, logró que la sesión lo ayudara a hacer un cambio en su vida, uno muy grande, pues no le veía un sentido a su existencia y gracias a ello empezó a darle importancia a la familia, a mejorar como persona y a hablarle a sus seres queridos fallecidos, a rezarles y a pedirles para que descansen en paz y le brinden su protección.

¿Cómo me siento después de una sesión?

Este es el tipo de cosas que pueden suceder en una sesión, y lo que las personas pueden obtener de utilidad si tienen una consulta. Son temas difíciles de explicar, siempre quedan preguntas pendientes, pero hay un impacto real en la vida de quien la realiza; por supuesto, todo depende de las circunstancias particulares de la persona y de su capacidad de superar los miedos y contradicciones que le afectan.

Me produce una gran satisfacción participar en estos procesos de intervención que pueden contribuir a preservar y mejorar la vida de personas en estado de desesperación, tristeza o que contemplan el suicidio.

Utilizar la comunicación y el intercambio energético para disuadir a estas personas de tomar decisiones fatales e influir para que reconsideren sus opciones y dar un cambio significativo a sus vidas me provoca a la vez una intensa emoción y asombro.

Cada sesión, aunque diferente una de otra en situaciones e intensidad, conlleva experiencias muy fuertes que a veces me dejan agotado e impresionado, especialmente debido a la naturaleza de las revelaciones, además de que no debemos olvidar que el cuerpo del médium (y de allí su nombre) es el conducto para canalizar la comunicación.

Sin embargo, todo ello vale la pena por la posibilidad de salvar vidas y participar en el desarrollo espiritual de estas personas a través de los consejos que reciben durante las sesiones. Es también mi manera de vivir mi misión y de cumplir con mi vocación, desarrollo y evolución espiritual.

Cada sesión es única

En una ocasión, durante una consulta, la persona expresó su deseo de comunicarse con su ex pareja. Comenzamos la sesión, pero cuando intentaba conectar con ese espíritu, ocurría algo extraño; la comunicación no parecía humana. Le dije: "Mira, esta presencia se ha manifestado y he notado sus características, pero lo que veo es un perro. Es así...". Le describí la presencia, y su cara demostró estar conmovida. Normalmente, no realizo sesiones para comunicarme con animales, pero cuando lo percibo, lo menciono. Al decir esto, la persona empezó a llorar y se derrumbó completamente. Le pregunté: "¿Por qué lloras tanto?". Ella respondió: "Durante muchos años quise tener una pareja, y el perro llenó ese vacío. Después de tenerlo como compañía, quise estar sola todos esos años, y cuando murió, lo sentí mucho porque su afecto desinteresado era lo que más necesitaba. Era como mi alma gemela".

Sin duda, esa sesión me impactó. El perro simplemente le agradecía, le expresaba muchos mensajes bonitos y podríamos creer que si ladraba, cómo podía ser que yo lo entendiera. No es que pretenda conocer el lenguaje de los animales, pero cuando el perro ladra se conecta con mi alma para poder transmitir la información. El lenguaje no es una traba, en ese nivel no hay límites para comunicarse.

El lector se preguntará, "Gabriel, ¿por qué compartes estas experiencias con sesiones? ¿Cuál es el propósito?". La respuesta es que por medio de las sesiones he aprendido mucho. Toda esa práctica me ha dado la experiencia espiritual que poseo actualmente y es lo que me permite ayudar a tanta gente.

Ahora soy un joven al que le gusta disfrutar, al igual que otros, afortunadamente. Muchos creen que estoy todo el tiempo meditando, o que leo mucho acerca de la espiritualidad, y no, no es así. Por supuesto que medito, también leo, pero soy un joven al que algunas veces le gusta salir, jugar voleibol, fútbol, poder disfrutar de escuchar música, salir con amigos. Sí, medito, pero no me dedico como algunas personas creen, a meditar todo un día, o que lo practico como tres o cuatro veces al día. Medito una sola vez en las noches, cuando voy a acostarme o también en las tardes, depende de cómo me sienta o si estimo que lo necesito, pero he comprendido que así como tengo que ayudar a muchas personas, debo ayudarme a mí mismo. Eso también lo tuve que aprender y fue a través de una sesión.

Ocurrió en el contexto de una consulta en la que recuerdo claramente la presencia de una mujer que también poseía un don discernible. Por eso empecé a corregirlo, porque la señora y yo tuvimos una sesión muy buena. Ella se conmovió, se puso a llorar, pero me dijo, "yo también tengo un don, y solamente te voy a decir una cosa". Al revelar y defender la utilización de su propia facultad, ella me incitó a reflexionar sobre mis propias capacidades. Yo pensé, ¿qué me va a decir, si ya lo sé todo…? (eso creía). La sesión con esta perspicaz mujer fue especialmente impresionante, marcada por su palpable asombro y su respuesta emocional. Aunque en un principio preveía la redundancia de ideas dado mi presunto conocimiento exhaustivo, su revelación resultó ser inesperadamente profunda. Posteriormente, motivado por nuestra interacción positiva y reconociendo la importancia de su consejo, inicié un proceso de autocorrección. Me dijo que, a pesar de mi habilidad para percibir y canalizar la esencia vibracional del amor, al mismo tiempo debía apreciar y disfrutar la exuberancia de la juventud. Destacando la necesidad imperiosa de disfrutar de esta fase de la vida, subrayó que, aunque los esfuerzos altruistas eran encomiables, había que encontrar un equilibrio con la apreciación del aspecto efímero e intrínsecamente bello de la juventud. "Tienes que disfrutar tu juventud. Estás ayudando a muchos, y eso está muy bien, pero tienes que disfrutar tu juventud, lo más bonito es disfrutar la juventud".

Dio en el clavo. Lo dijo y fue una revelación. Así que a partir de ahí empecé a cambiar la rutina: De acuerdo, por supuesto que mi enfoque está en el desarrollo de mi espiritualidad, ahora me dedico en un cincuenta por ciento a la espiritualidad y un cincuenta por ciento a vivir mi experiencia como una persona normal. Mi camino ha sido muy sui generis comparado a cualquier otro joven de mi edad, es obvio que tengo una experiencia personal comparable a la de una persona mucho mayor debido a los fenómenos psíquicos y las revelaciones que he confrontado, pues a pesar de mi edad, por todo lo que he visto en las sesiones, por cómo me he preparado en la espiritualidad, he alcanzado quizás la madurez de alguien mucho más adulto, pero desde ese encuentro, que agradezco profundamente, he vivido un proceso que me ha permitido disfrutar más de mi vida, he descifrado el sentido de la vida y apreciado mucho más cada momento, cada mínimo detalle, comparado con cómo lo veía antes, porque antes sólo me concentraba en la motivación de ayudar a los demás y el resto de la vida pasaba a mi lado sin que me diera cuenta. Estoy seguro de que luego me habría arrepentido de hacerlo y ya sería demasiado tarde para volver atrás.

Actualmente, empiezo cada día con una motivación renovada para participar en nuevas experiencias en el contexto de mi vida. En el pasado, mi atención se centraba principalmente en los resultados de las sesiones y las reacciones observadas en los consultantes, en las que a menudo experimentaba satisfacción emocional al observar cómo podía ayudar a las personas angustiadas debido a la importancia de la información transmitida. Sin embargo, mi enfoque actual implica una respuesta mesurada en la que fomento el discurso abierto, adopto un comportamiento tranquilo y la participación activa en conversaciones reflexivas con las personas, cultivando así una perspectiva más serena tanto para los involucrados en la consulta, como para mi propia tranquilidad espiritual.

A mis dieciocho años, soy un joven que, como otros de mi edad, disfruta con las actividades recreativas. Contrariamente a la idea generalizada de que dedico todo mi tiempo a la meditación y la lectura espiritual, mis actividades son diversas. Aunque me dedico a la meditación y a la exploración literaria sobre temas espirituales, también soy una persona que valora el compromiso social, contrariamente a la idea errónea de que mi atención se centra únicamente en las prácticas meditativas, las integro de forma selectiva en mi rutina.

Mi comprensión evolutiva incluye el reconocimiento de que la autoayuda es tan imprescindible como ayudar a los demás, una comprensión que fue catalizada por esa sesión concreta con una persona que, como yo, posee poderes extrasensoriales y con su propia experiencia me enseñó la importancia del compromiso proactivo. Por eso es importante transmitir ese conocimiento a quienes, como yo, deben confrontar la presencia de sus habilidades perceptivas en un mundo que es todavía escéptico ante estos dones, lo cual muchas veces dificulta nuestra existencia, interacción social, vida familiar y salud mental.

Cabe señalar que cada consulta es única en sí misma, y algunos casos, tienen una resonancia especialmente fuerte y permanecen vívidos en mi memoria como enseñanzas invaluables en mi camino espiritual y personal, que por ser tan personales, íntimas y psicológicamente complejas quizás no hubiese podido obtenerlas de otra manera.

Hay algo que muchas personas me dicen, y es que siempre tengo a mano las palabras adecuadas para poder ayudar a las personas como corresponde. Es imperativo aclarar que mi capacidad de dicción no es una inclinación arbitraria, sino más bien un acto de respuesta guiado por el consejo de mis seres queridos fallecidos, que me acompañan continuamente. Digo todas estas palabras, no porque yo lo desee, sino porque desde el más allá me lo manifiestan. Ha habido casos también en plena consulta, donde el ser querido es ¡muy grosero!, y pues yo le digo a la persona: "Mira, te voy a explicar una cuarta parte de lo que estoy percibiendo y describirte cómo se está expresando, porque esta persona es grosera". En tales casos, sabiamente transmito un relato parcial de la expresión percibida, evitando deliberadamente una repetición literal de la descortesía. Este enfoque prudente sirve para dilucidar y autentificar el estilo de comunicación de la persona fallecida, permitiendo al consultante reconocer a su ser querido a través de los gestos distintivos y expresiones indicativas de su experiencia vivida. No repito todas las malas palabras, pero transmito alguna para demostrar la presencia de su familiar al consultante, y al repetirlas la persona se queda asombrada. "Ese es él", expresan al identificar a su ser querido por la forma como se expresaba en vida.

En una sesión con una pareja homosexual formada por dos hombres, el compañero fallecido había sucumbido al suicidio. Durante esta interacción, que fue muy conmovedora, comuniqué sentimientos a la pareja superviviente que transmitían la petición de perdón del fallecido, absolvía al superviviente de cualquier culpa indebida, le aseguraba la presencia eterna y le animaba a dejar de culparse a sí mismo en exceso. Se transmitieron mensajes adicionales que el superviviente verificó posteriormente. La persona corroboró que todo era verdad. Le dije, "¿por qué?", y me contestó, "porque antes, como mi familia no me apoyaba, yo tenía problemas y tuve tres intentos de suicidio, pero él siempre me ayudaba con mis problemas, me escuchaba y todo lo demás, pero después de que él se suicidó, leí una carta donde dice que él también tenía sus problemas, pero que yo nunca lo escuché. Que estaba muy agradecido, pero que yo nunca le di el valor adecuado a sus problemas, ni comprendí que él también sentía un dolor".

La sesión tuvo un profundo efecto, pues me llevó a tranquilizar al superviviente diciéndole que la responsabilidad de la decisión de la pareja fallecida no recaía en él. A pesar de que se reconocía que no se había dado la debida consideración a las preocupaciones de su pareja, la decisión última correspondía al fallecido. Hice hincapié en la importancia de no tener que vivir con una carga indebida de culpabilidad por acciones tomadas por otros. La persona fallecida pidió perdón en un intento de aliviar la conciencia del superviviente y facilitar un estado de paz, e instaba a su pareja a no repetir el error sino a perseverar, al tiempo que reconocía su propia incapacidad para hacerlo.

Tipo de caso: Homicidio culposo

Tragedia familiar

Durante una consulta con una persona que inicialmente se mostró escéptica e incrédula ante los fenómenos psíquicos, la señora expresó sin embargo estar intrigada por la información que yo podría proporcionarle potencialmente. En respuesta, le pregunté su nombre completo y, a continuación, inicié el proceso de canalización y recepción perceptiva.

Se manifestó un joven, pero cuando lo empecé a ver después, se expresaba como un niño, después como hombre, después como un niño, así que yo no entendía lo que estaba sucediendo. Este hombre me dice que lo describa como un niño. Así fue, lo describí y le dije a la consultante, aquí hay un niño. Y le empecé a dar las características y la información. Ella estaba sorprendida, se le empezaron a salir las lágrimas, y me dijo: "Sí, es él".

Yo no entendía, pues en el momento cuando ella dijo que sí, la presencia se manifestó como un señor mayor. Donde dijo, "hija, estoy con tu hermano". Esa fue la información que le dijo el señor, que también se había manifestado en la sesión. Y ella se quedó sorprendida y dijo: "Sí, efectivamente, mi padre ha fallecido, y mi hermano también".

Lo que me sorprendió fue que el hermano le dijo que no tenía nada que perdonar, que su muerte había sido un accidente, que no se preocupara, que la quiere mucho y que siga adelante. Le aconsejó que no piense mucho en el pasado, y aseguró que él estaba bien y en paz. Ella, sorprendida, empezó a llorar mucho. El padre le dijo que se tranquilizara, que no se preocupara, que quería que supiera que su padre estaba muy orgulloso de ella. La señora empieza a llorar cada vez más. Luego, al terminar la sesión, después de que sus seres queridos le dan más mensajes y le dicen muchas cosas. Ella dice:

—Te voy a explicar, Gabriel, por qué me puse a llorar, pues todo lo que tú me dijiste fue cierto, y por eso te agradezco tanto por la sesión.

Yo no entendía, simplemente le dije que yo era un canal. Entonces me dice que su hermano falleció cuando era niño, porque cuando ella era pequeña, estaba jugando con su hermano a los policías y ladrones. Su padre, que era policía, había dejado el armamento sobre la mesa. Ella era la policía y el hermano era el ladrón. Cuando empiezan a jugar, la niña le dispara a su hermano. Ella creía que todo era parte de un juego, hasta que con el tiempo comprendió que su hermano había fallecido y que ella había cometido un asesinato por accidente. Ella siempre se quedó con ese recuerdo y nunca lo pudo soltar, siempre sintió culpa.

El hermano, quien se había manifestado en la consulta, le dijo que aquél horrible incidente fue accidental y que la perdonaba, por eso después ella sintió mucha paz, mucha tranquilidad. Por esa razón me daba las gracias, ya que además su padre le dijo que estaban juntos y que también estaba muy orgulloso de ella.

Ella pudo confrontar esa culpa, y después de 50 años esta señora pudo dejar atrás el peso de su pasado. Esa fue una de las experiencias más conmovedoras y sorprendentes de todas las sesiones que he realizado.

Formas de percepción

Existen numerosas modalidades a través de las cuales se produce la manifestación. Cuando una entidad espiritual utiliza una forma corpórea como conducto, usa al médium como recipiente para la entrada de su presencia energética, y toma el control de la forma física de la persona, quien experimenta así percepciones sensoriales como el tacto, el olfato, el gusto y las sensaciones emocionales del espíritu que lo ha usado como conducto. La entidad tiene la capacidad de materializarse y participar en interacciones táctiles, incluyendo el contacto físico y los abrazos. Así es como me llegan los mensajes.

Cuando el ser querido se manifiesta, lo hace por completo, lo veo con cuerpo, tal como era esa persona. Lo oigo claramente, con su voz original. Por supuesto, cuando empiezas a percibir más, puedes saber cómo era su vida cuando estaba en este plano, o cuando falleció.

Uno de los fenómenos que experimento es la clariaudiencia, un don divino que incluye la capacidad de oír a los espíritus. Esta habilidad no se limita simplemente a oír voces, sino que se caracteriza por la capacidad de interpretar y comunicar mensajes de dichas entidades espirituales de forma comprensible.

Si se da esta situación, la persona que recibe estos mensajes puede confundirlo con síntomas de un trastorno mental si no está debidamente preparada, no es consciente de su capacidad innata o si su familia desconoce este don. Por ejemplo, una persona puede estar en un estado de serenidad y descanso cuando, de repente, empieza a oír voces, a escuchar la comunicación de un espíritu que inicia un diálogo, hace preguntas y comparte historias sobre su vida, su muerte y su historia personal. En este contexto, la clariaudiencia se manifiesta como la capacidad que permite a una persona en la existencia terrenal escuchar fácilmente las comunicaciones de alguien desde el más allá. Así, es posible oír y sentir a un ser querido, hombre o mujer, percibir su voz —en el reino espiritual— con notable claridad, superando incluso la calidad de la audición experimentada en vida.

Cuando las personas fallecidas inician la comunicación, la manifestación se caracteriza por una modalidad de comunicación que carece de expresión verbal manifiesta. Este fenómeno etéreo no se caracteriza por la percepción visual o auditiva del fallecido. Más bien, la información se transmite automáticamente a la mente del receptor. La comunicación se desarrolla sin interrupciones. Los interlocutores no entablan un discurso visible o audible, sino que la información transmitida se hace perceptible para la persona que experimenta la clariaudiencia, que reconoce automáticamente las voces.

Una vez estaba acostado, y de repente, veo a dos personas hablando entre sí, estaba escuchando a dos personas fallecidas que estaban hablando en el otro plano. Yo me quedé pensando qué pasaba, me volteé a ver a esas personas que estaban conversando y entonces me di cuenta de que eran dos seres queridos, mis familiares, y simplemente estaban allí y yo los podía escuchar. No se dirigían a mí, sino que conversaban entre ellos y yo los podía ver y escuchar.

¿Y cómo puedo saber cuando lo que estoy escuchando es un mensaje, o si debo decirle a otro esa información? Pues cuando es así, el espíritu aclara y me dice, "esta información es para tal persona, necesito que se lo manifiestes". Y también, si no me lo dice directamente, me lo transmite de una manera intangible, de tal forma que yo puedo describir en palabras la información que quiere transmitir a esa persona en un lenguaje que puede comprenderse en el plano físico.

Leer el aura

El aura es como una energía que rodea a la persona. Muchas veces tan sólo con detectar la apariencia del aura podemos saber lo que le pasa a alguien, pues su color también depende de las emociones y cómo se siente la persona. Puede ser gris cuando la persona está mal, apagada, triste, como también puede ser violeta, que tiene una energía fuerte de transformación, por lo que está pasando en ese momento en su vida, o dorada, que es de protección o muchas veces también es blanca, que es una energía que expresa que la persona está tranquila, que quizás pueda haber cambios, pero no hay algo malo en ese momento.

En consultas por video, puedo ver si la persona tiene un color muy fuerte alrededor de su cuerpo, ya eso me dice mucho de lo que está sucediendo, aunque no tenga un contacto físico con ella, sino a través de la imagen. También puedo percibir si tiene una energía negativa, porque si el aura luce opaca es porque tiene una entidad negativa. Entonces el aura me sirve para percibir lo que la persona está pasando y puedo ayudarla a sanar y saber limpiar su aura.

Durante las videoconsultas, mi capacidad para observar el campo energético de la persona se convierte en un aspecto central de mi enfoque diagnóstico. La presencia e intensidad de los distintos colores que rodean el cuerpo de la persona transmiten información significativa sobre su estado actual, incluso en ausencia de proximidad física. La identificación de un tono fuerte y vibrante en el aura proporciona información sobre el bienestar de esa persona. Por el contrario, la observación de un aura opaca indica la presencia potencial de energía o entidades negativas.

Utilizando este marco perceptivo, puedo discernir no sólo los problemas emocionales y psicológicos que pueda estar experimentando la persona, sino también la posible influencia de la energía negativa. Este conocimiento exhaustivo del aura me permite proporcionar asistencia en forma de intervenciones curativas e instrucción en técnicas de limpieza del aura, contribuyendo así a su bienestar general.

He aprendido que sí existen muchos colores, pero que el médium puede ver los niveles de cada energía, y del otro lado existen solo dos energías, dos colores que serían el blanco y el dorado. Simplemente cada una va subiendo cada vez más el tono de fuerza. El color es solamente como para darle significado de este lado, para que podamos entender la energía, darle un nombre o identificar cuál nivel de energía es más o menos fuerte. Es como que usáramos un prisma para descomponer la energía y salen los colores como un arcoiris, pero esos colores en realidad no existen cuando vemos la energía.

Por ejemplo, cuando alguien está cerca de la muerte o se enfrenta a una situación crítica, se producen cambios notables en su aura. En la mayoría de mis observaciones, una manifestación predominante en tales situaciones es la presencia de un tono verde. Esta configuración energética particular es indicativa de cualidades asociadas con la curación, la protección y la purificación del alma. Es una energía de sanación, protección y limpieza en su alma. Su manifestación es especialmente notable cuando un individuo está a punto de fallecer.

La observación de un aura predominantemente verde sirve como indicador de que una persona puede estar próxima a la muerte. Por eso puedes saber si alguien está cercano al final de su vida presente, aunque la circunstancia puede cambiar. Esa persona puede fortalecerse y no morir, pues la dinámica de esta manifestación puede ser mutable, permitiendo potencialmente la resiliencia y la recuperación, si se altera el curso de acciones que podrían haber resultado en una muerte cercana.

Tipo de caso: No dejar ir

Una madre aferrada al recuerdo de su hijo

En una consulta, una señora me dijo que se quería comunicar con sus seres queridos, yo le pedí su nombre completo. Su aura se veía opaca, apagada, como que su vida había perdido sentido. En ese momento, empiezo a percibir mucho a un joven de unos treinta años, comencé a darle las características de su personalidad, cómo se vestía, y todo lo que podía percibir... entonces este hombre me manifiesta que su muerte fue trágica y que fue como consecuencia de un accidente, que desde ese accidente, lastimosamente, nunca pudo salir adelante y expresa que el accidente fue por un vehículo.

La persona me hizo saber que por eso no pudo disfrutar su vida y no pudo vivir plenamente. Cuando le dije eso, la señora que consultaba se puso a llorar y se desmoronó. Dijo que el espíritu era su hijo, que había fallecido hacía muchos años. A pesar del tiempo transcurrido, ella nunca pudo aceptar que su hijo había fallecido tan joven, y que ella no había estado al lado de él para apoyarlo.

El hijo, le expresa su amor, afirmando que era la mejor madre y que le agradece por todo, pero le hace saber algo sumamente importante, le dice que quiere que la familia permanezca junta, y que ya no se sienta sola, ni se siga aislando de la vida, ni de la familia. Afirmó que él está bien, que está en paz.

Ella se sorprendió, y dijo que era verdad, porque tal como decía el hijo, ella se alejó de la familia tras la muerte trágica del joven, lo cual le causó tanta tristeza que se alejó de todo el mundo, y como consecuencia de ello se sentía muy sola.

Al terminar la consulta, la madre me da las gracias por permitirle ese contacto con su hijo, describirle y decirle todas esas verdades que ella nunca le ha dicho a nadie, y que su hijo pudo escucharla en el otro lado. Me agradecía porque, después de tantos años, ha logrado soltar a su hijo, dejarlo descansar y aceptar que estaba muerto.

Ella comprendió que su hijo siempre la escuchaba y que sin importar en donde se encontrara, su hijo siempre iba a estar ahí. Esa fue una de las experiencias más sensibles que tuve en las consultas. Y esta señora sonrió y según me ha dicho está actualmente plena y satisfecha, siguiendo con su vida y unida a la familia.

Señales

Estamos acostumbrados a escuchar al cerebro y hay que empezar a escuchar al corazón, al alma, para despertar el sexto sentido.

El reino espiritual se comunica a través de diversos canales. Utiliza signos y manifestaciones sutiles que pueden percibirse a través de sensaciones, estímulos olfativos e incluso esfuerzos culinarios. Preparar un plato que recuerde las prácticas culinarias de un ser querido, aunque se haga inconscientemente, sirve para canalizar la comunicación espiritual. Del mismo modo, la tendencia inconsciente a poner con frecuencia la música favorita del difunto o a encontrar olores familiares en distintos ambientes sirve para señalar la presencia continuada del alma fallecida.

Sin embargo, son notables los casos en los que la comunicación va más allá de lo ordinario y se manifiesta como sucesos aparentemente inexplicables, como los casos de olvido. Un ejemplo de ello es el extravío de un objeto. El objeto reaparece en un lugar inesperado, como la cama. A pesar de la aparente irracionalidad de estos sucesos, se interpretan como gestos intencionados del fallecido que afirman su conexión permanente. Además, los casos en los que una persona experimenta un repentino cambio de planes que le impide salir de casa, sólo para recibir más tarde la noticia de un accidente, subrayan la naturaleza misteriosa de estas comunicaciones espirituales. Estos sucesos, ya sea en forma de olvido o de cambio de planes, se interpretan como señales deliberadas del difunto para guiar y proteger a las personas que desea proteger o reconfortar.

Los seres queridos fallecidos utilizan persistentemente diversas modalidades para transmitir señales. Algunos indicadores tangibles de la presencia espiritual de un ser querido son los casos en los que elementos del entorno, como la iluminación, la televisión o incluso el microondas, muestran fluctuaciones espontáneas, encendiéndose y apagándose de forma autónoma. Es importante destacar que estas manifestaciones no pretenden causar miedo, sino que son mensajes intencionados. Especialmente cuando la fuente es un espíritu familiar, la naturaleza de estas señales es de intención reflexiva. Tanto si se experimentan por primera vez como si no, es probable que la persona a la cual el espíritu trata de contactar experimente sorpresa en lugar de temor. Estas manifestaciones funcionan como mensajes y están pensadas para provocar una respuesta, no como gestos intimidatorios, porque esa señal te va a llegar como mensaje para hacerte reaccionar, no atemorizarte.

Por ejemplo, hubo una consulta donde de repente la persona estaba sentada y atrás estaba su estante de libros y un libro se lanzó solo. Las personas estaban en consulta y ví como el libro cayó sin que nadie lo tocara. Luego supimos que era la abuela que tenía una energía muy fuerte. Yo me eché a reír y les dije la información que me llegaba, "es tu abuela, que está ayudando a tu hijo". Nunca me había pasado esto, que un libro saliera volando así. Cuando la persona en consulta abrió el libro, de las primeras páginas salió una fotografía de la referida abuela.

Este fenómeno no se limita a las sesiones en persona. Se extiende también a las interacciones en línea. Las personas que participan en sesiones virtuales pueden tener la sensación palpable de ser abrazadas por su padre, madre u otros seres queridos fallecidos. La actividad psíquica experimentada en estos encuentros es tal que los receptores suelen transmitir la sensación de ser abrazados físicamente por sus seres queridos fallecidos. Cabe destacar que la comunicación posterior a la sesión a menudo implica que las personas involucradas transmitan experiencias perceptivas posteriores. Por ejemplo, me han enviado mensajes indicando que recientemente han presenciado la aparición o el reflejo de un hermano o cónyuge fallecido. Estos sucesos, independientemente de la naturaleza física o virtual del encuentro, ponen de relieve la capacidad de los seres queridos para manifestarse de diversas formas perceptivas tanto después como durante una sesión.

Madre con Alzheimer

Otra consulta que recuerdo fue con un hombre joven, más o menos como de 28 años de edad. Me dijo que era una persona escéptica, que no creía, pero que quería saber y simplemente quería participar en una sesión. Así fue, le pedí el nombre completo y en ese momento se manifestó una señora, en un principio de una manera coqueta, elegante, bien arreglada. Se sentía como alguien increíblemente independiente, una mujer fuerte, con carácter y me hablaba de una manera imponente. Yo le di todas esas características al joven, le dije cómo era, cómo hablaba y él asentía, que sí, que efectivamente a esa persona sí la conocía, pero la señora, quien se había manifestado anteriormente como alguien muy vivaz, de repente me empezó a mostrar que de ser una mujer imponente, fuerte, como que se empezó a deteriorar. Empezó a estar mucho más delgada, a descuidarse, permaneció acostada y empezó a hacerme un gesto como que de todas las palabras que yo le expresaba, ella no me entendía.

Yo puedo lograr entender que muchas veces cuando eso sucede en la consulta es porque la persona antes de fallecer tenía la enfermedad de Alzheimer.

Le pregunté si su madre tenía Alzheimer y el señor me dijo que sí, y se puso a llorar. Expresó que él nunca pudo disfrutar a su madre cuando estaba bien porque siempre había tenido problemas con su madre, pero cuando ella empezó a sufrir la enfermedad, él se arrepintió, porque nunca le pudo expresar todo lo que le hubiese querido decir.

En la consulta, la madre le dijo que escuchó todo lo que le manifestó, que le agradecía que la atendiera, le cortara sus uñas, que diariamente le diera de comer, que todos los días la bañara, la cuidara, la abrazara y le diera besos.

Le agradecía porque le tocaba una orejita y le hacía como unos masajes, porque desde muy pequeño el hijo se lo hacía a la madre.

En ese momento, con ese detalle, él se quedó impactado, y descubrió que en verdad era su madre, que apreció todo lo que él hacía por ella, aunque él creía que no era así. La madre también le manifestó al hijo que estaba muy orgullosa de él. Aseguró que ella estaba bien, estaba en la luz y que ya era hora de que él siguiera adelante para que cumpliese con sus objetivos y misiones de vida.

Ese fue el mensaje que le dijo su madre. Después, casi al terminar la sesión, el joven de 28 o 29 años de edad, me dio las gracias. Yo simplemente le dije que no me tenía que dar las gracias, que más bien le agradecía por darme la oportunidad de ayudarlo y me objetó afirmando que me daba las gracias porque antes de que su madre falleciera, el sentía un gran remordimiento y una gran tristeza al no entender por qué nunca pudo expresarle todas esas emociones y esas cosas buenas que podía hacer por su madre. Está reconfortado por recibir el mensaje de que todo lo que hizo cuando su madre estaba con Alzheimer ella lo pudo percibir. Con ese conocimiento, él se siente satisfecho y ya puede seguir con su vida normal y va a poder estar en paz y no se va a sentir solo, porque sabe que su madre lo está cuidando, lo está protegiendo y está en paz.

Trances y canalizaciones

Existe una fuerza creadora, independientemente de tu religión o creencias. A lo largo de mis experiencias he aprendido a conectarme con mi alma y, a través de ella, a vincularme con esa fuente divina.

En ocasiones, los espíritus pueden expresarse a través de uno, entrando en trance. Me ha sucedido que comienzo a hablar y hablar tanto en una consulta que llega un momento en el que adopto el tono y el acento del espíritu. Posteriormente, me doy cuenta de que estoy asumiendo la forma de comunicarme de esa otra persona; sin embargo, luego todo vuelve a la normalidad.

No me gusta estar en trance, y algo que he desarrollado muchísimo es saber cómo controlarme para no entrar en trance. Lo que yo hago es que me doy cuenta antes de que suceda, respiro profundo y caigo otra vez en cuenta de que tengo que estar presente, permanecer en mi yo y dar la información yo, sin que el espíritu se haga cargo. No permito que un ser querido tome el control y transmita información de esa manera, ya que esto me desagrada y consume demasiada energía, generando incomodidad.

Para evolucionar como médium, debes aprender a controlar tu energía para enfrentarte a los deseos de los espíritus y otras manifestaciones. A lo largo de la experiencia, un médium desarrolla control sobre su mediumnidad y puede decidir cómo el espíritu se expresará a través de él. Tú lo controlas y canalizas completamente, ya que llega un momento en el que, al percibir mucho, puedes sentir la tentación de abarcarlo todo y los espíritus pueden influir en ti y hacer lo que quieran contigo. Por eso es crucial madurar este don y aprender a controlarlo.

Lo empiezas a entender por medio de las canalizaciones en las sesiones que realizas. Respiras profundo, te relajas y tienes que meditar, para que no tengas ansiedad cuando empieces a percibir, no sientas nervios, ni miedo, de manera que puedas interpretar con certeza lo que estés percibiendo, incluso cuando la información sea intensa.

También ayuda el estar en contacto con la naturaleza, meditar en medio de un bosque, con muchos árboles alrededor. Así trabajas el control y sueltas la energía negativa que pueda estar rodeándote. Empiezas a hacerte la pregunta acerca de qué es lo que realmente deseas, y podrás darte cuenta de si quieres usar la mediumnidad para ayudar a las personas a quienes tú quieres, o a todas las personas que se te acerquen. Ese es tu llamado. Así comienzas a madurar ese don y a medida que haces más sesiones podrás controlarte mejor.

Lo que quiero expresar es que, para controlar tus dones, primero tienes que saber qué es lo que tienes y, cuando te das cuenta, vas a ir paso a paso, punto por punto, para ir canalizando cada vez más. Es fundamental entender que, para controlar, primero debes conocer tus capacidades y avanzar gradualmente, sin adelantarte.

La canalización implica ofrecer información percibida a otra persona. Mientras hablo con alguien, puedo percibir a su abuelita, por ejemplo, pero eso no es canalización. La canalización es la información que le voy a dar que me dice su abuelita para que le diga a esa persona, y lo que yo puedo percibir internamente de esa persona mientras le doy la información. La calidad de la canalización depende del médium, quien debe permitirse ser guiado para percibir.

En ocasiones, en lugar de expresar las palabras exactas del ser querido, el médium tiende a forzar o explicar a su manera, generando malentendidos. El médium debe recordar que es simplemente un canal, un intermediario que debe expresar las palabras del espíritu tal como las dice, incluso si parecen carecer de sentido. La canalización será más efectiva para que el mensaje llegue a la persona, quien tendrá la tarea de comprender el significado en el momento adecuado.

Cuando una persona posee el don, empieza a percibir poco a poco. Pero cuando percibe más en cada sesión, experimentará como una infusión de adrenalina pues empieza a sentir más intensamente, y a ver cosas que le asombran, ya que antes no percibía tanto y tan rápido, y ello se debe a que progresivamente está mejorando sus habilidades.

La técnica que yo practicaba al principio era hablar con el espíritu a través de preguntas sencillas. Preguntaba cómo estaba, de dónde era, cómo se llamaba, cómo falleció y qué me podría decir del otro lado. Después conversaba con esa persona y le contaba mis problemas y me decía lo bueno, si tenía que corregir algo para mejorar, y de esa manera empecé a entender y a canalizar cada vez más al interactuar con los espíritus, preparándome para que cuando hablase con una persona que deseara contactar a su ser querido, ocurriera con la misma fluidez y facilidad. Algunos médiums solo hablan con los espíritus durante las sesiones. No interactúan con sus familiares fallecidos, o un ser querido para desarrollar sus habilidades y comunicarse cada vez con mayor facilidad, entonces cuando van a tratar de invocar se bloquean. Para mí es fácil, porque ya he hablado desde pequeño con mis seres queridos antes de haber hecho sesiones.

Otras manifestaciones

Existen varios tipos de manifestaciones que pueden describirse en una estructura jerárquica: en la base de la pirámide están las personas que han fallecido; un escalón arriba están los maestros espirituales; por encima están los seres de luz superiores, culminando en la cúspide de esta disposición jerárquica están los maestros ascendidos. Esta pirámide delinea un marco conceptual en el que existen diversas entidades dentro de un orden estratificado, representando cada categoría un nivel distinto de ascensión espiritual o metafísica.

Los maestros espirituales pueden manifestar tareas espirituales, revelando evoluciones, cambios futuros, o anunciando alteraciones en tu vida. A veces, advierten, "prepárate porque viene algo fuerte", indicando cambios significativos que no debemos ignorar. La manifestación es un acto privilegiado, dependiendo de la voluntad de las entidades espirituales.

Los seres de luz superiores, que están por encima de los maestros espirituales, ofrecen ayuda, especialmente para la salud y la evolución, independientemente del don. Estas almas han evolucionado completamente y están ancladas permanentemente en el reino espiritual. Todas las personas, en algún momento, tienen el potencial de ascender a este estado elevado.

Los maestros ascendidos, ubicados en la cúspide de la pirámide, son los maestros sabios que se manifiestan específicamente para guiar y ayudar en los procesos evolutivos del ser humano. Comunican mensajes directivos y no hablan como lo haría un ser querido; suelen manifestarse visualmente con una bata blanca y barba larga, sentados en posición de loto.

La manifestación de los maestros ascendidos también puede ser a través de palabras u objetos cuya presencia debe ser interpretada. A veces, estos actos pueden tener significados más profundos, como una manzana que simboliza el reconocimiento de la abundancia ya presente en la vida diaria. Estas experiencias transformadoras fomentan la gratitud y la apreciación de la simplicidad de la vida cotidiana.

Energías oscuras

Las energías oscuras pueden manifestarse de diversas maneras, como duendes, muertos recostados y espíritus burlones. La energía negativa se manifiesta cuando alguien intenta lanzarte una brujería y estás receptivo, o cuando mantienes una baja vibración y piensas constantemente de manera negativa, atrayendo así esa energía. Una frecuencia vibratoria persistentemente baja, combinada con patrones de pensamiento negativos, crea un ambiente propicio para la atracción de energía negativa. La susceptibilidad a estas manifestaciones aumenta cuando se participa constantemente en procesos cognitivos pesimistas, creando una alineación entre la frecuencia vibratoria y la negatividad.

La envidia es una energía nociva que puede atraer energías negativas tanto si eres objeto de envidia como si albergas estos sentimientos. Los estados emocionales y mentales juegan un papel clave en la susceptibilidad a influencias negativas. La perturbación emocional persistente y la agitación mental alteran el equilibrio interior, abriendo puertas a la energía negativa. Es fundamental un enfoque proactivo para mantener un estado mental y emocional positivo.

La influencia de la energía negativa puede tener consecuencias significativas en la familia, la salud, la economía y el amor, incluso podría generar parálisis de sueño. Este fenómeno puede atribuirse a entidades negativas o a habilidades psíquicas latentes. La comunicación verbal alentadora de acercarse hacia la luz y manifestar el perdón puede ser clave para mitigar la influencia de estas energías.

Los demonios son entidades poderosas y peligrosas, distintas de los muertos recostados, espíritus burlones y fantasmas. Poseer habilidades psíquicas puede hacer que una persona perciba entidades espectrales en espacios públicos, especialmente en la calle. Estas apariciones esporádicas pueden ser almas en pena, y ayudarlas a aceptar su muerte es esencial.

Las posesiones pueden variar en intensidad, y algunas energías negativas pueden subyugar rápidamente a una persona. Por ejemplo, la visita a un cementerio puede atraer entidades negativas. Los rituales de limpieza espiritual con elementos disuasorios pueden mitigar la influencia de estas energías. También la crítica puede alimentar energías negativas internas, pero cultivar la comprensión y el amor propio puede contrarrestar su efecto.

Al enfrentarse a las críticas y desafíos, centrarse en el propósito personal y en la aceptación propia puede liberarnos de la necesidad de demostrarle a los demás nuestra valía y voluntad. Enfocarse en irradiar luz y amor a aquellos que critican nos permite avanzar con gracia y comprender que cada quien despierta a su propio ritmo.

Suicidas

Lo que he aprendido de mis experiencias con casos de suicidio es que, cuando una persona decide quitarse la vida, cree que con eso termina todo; sin embargo, el proceso que sigue al suicidio es complejo y multifacético. Contrariamente a la percepción de que el suicidio simplemente implica poner fin a la propia existencia, la persona que toma esta decisión experimenta un proceso desgarrador. En este, su conciencia repasa todo el espectro de su vida, siendo testigo tanto de los momentos previos al acto como de los caminos alternativos que podría haber elegido.

Después, la mente enfrenta la aceptación de la muerte y la imperativa tarea del perdón, un proceso que trasciende las limitaciones temporales terrenales. Este proceso puede llevar mucho tiempo, y el tiempo en el mundo espiritual es diferente al del mundo terrenal; puede ser muy extenso e inconmensurable. Luego, pasa por lo que se conoce como purgatorio, y hasta que esté lista para regresar, no sabrá qué sucederá con su alma por haberse suicidado. No solo retrasa su proceso de evolución, sino que no puede ir hacia la luz antes de completar su proceso. Hasta que esto ocurra, cuando esté en otro nivel del mundo espiritual, es cuando acepta su propia muerte. Esta etapa también puede llevar mucho tiempo; quizás pueda ir hacia la luz, pero no se reunirá con sus familiares ni ellos la verán hasta que comiencen a planificar su próxima reencarnación.

Esto dependerá de la progresión del alma y de su preparación para planificar su siguiente reencarnación. La siguiente reencarnación no solo implica la misión de la vida presente, sino también el peso de las consecuencias de vidas pasadas, especialmente aquellas relacionadas con el suicidio.

Si una persona carga con vidas pasadas en las cuales se suicidó, esto tendrá repercusiones en su vida presente. Enfrentarán desafíos más complicados de lo que experimentaron en sus vidas anteriores. Aquellas personas que atraviesan dificultades en su vida actual pueden estar lidiando con las repercusiones de acciones suicidas pasadas. Por eso, es posible conocer a personas que, a pesar de ser buenas, enfrentan situaciones difíciles debido a acciones desagradables realizadas en vidas anteriores. Están limpiando su alma en esta vida, aprendiendo las lecciones que no completaron en sus vidas anteriores para que su alma pueda evolucionar.

Esta complejidad surge de la intrincada interacción de las consecuencias kármicas, ya que las personas se esfuerzan por limpiar sus almas y asimilar las lecciones no completadas en encarnaciones anteriores, buscando evolucionar espiritualmente.

Abuso sexual y abandono emocional

Recuerdo el caso de una señora que quiso tener una consulta conmigo. Le pregunté su nombre completo, me lo dijo, y empecé a percibir. Le comenté que percibí a una jovencita. Sentía con intensidad que la muerte de esta persona había sido trágica y muy triste. La consultante empezó a llorar, y comencé a sentir cierta sensación en mi cuello y mucho escalofrío en el cuerpo. Cuando eso sucede, le expliqué, normalmente es porque la persona ha muerto de una manera trágica y, a la vez, es porque la persona se suicidó.

La señora lloró más, y luego me comentó que era correcto, pues su hija se había suicidado y justamente se había ahorcado.

Le pregunté a la joven que se había suicidado qué quería decir a su madre en la consulta, y lo que manifestó fue algo muy fuerte, porque le dijo lo siguiente: que la quería mucho, que la amaba y le agradecía por todo, pero deseaba que la perdonara por la decisión que había tomado, ya que cuando falleció, sí se arrepintió del acto que había cometido. Dijo que ella se sentía muy decepcionada, triste, ahogada, asfixiada. No se sentía para nada bien y por eso lo hizo.

La mamá preguntó por qué y cuál fue el motivo, y la joven le reveló que fue porque su padre la abusaba. Expresó que ella siempre había intentado alertar a su madre, le había dicho lo que ocurría y que ésta nunca le prestó atención, nunca le creyó. Al escuchar esas palabras que le enviaba su hija, la madre se puso a llorar desconsoladamente, y le pidió que la perdonara porque ella pensaba que era mentira, que no le creyó y suplicó que la perdonara por no apoyarla ni ayudarla. La hija le contestó que la perdonaba, y le hizo saber que ella estaba bien, ya está tranquila, pero que tendría que pasar por su proceso, ya que al tomar la decisión de suicidarse su alma debe pasar por un largo camino de expurgación.

Luego, la madre dijo que pudo comprender por qué la hija siempre se sintió perdida y sola. Me dio las gracias por toda la información que le manifesté, pues le ayudé a aclarar todas las dudas y preguntas que tenía. Así mismo, la consultante afirmó no encontrar palabras para expresar la tranquilidad, pero a la vez la tristeza que sentía, al no haber apoyado ni creído a su hija en los momentos cuando estaba en medio de una situación tan vulnerable ya que, de haberlo hecho, quizás podría haber evitado su muerte.

Crímenes

En mi experiencia he tenido que escuchar cosas terribles y sentir incluso lo que le ha pasado a aquellas personas que han sido víctimas de un crimen. Me he encontrado con relatos profundamente angustiosos y he compartido con empatía la carga emocional de aquellos que han sido víctimas de actos criminales.

Cuando una persona mata a otra, automáticamente va al purgatorio, pasando por un proceso un poco más complicado que el de alguien que se suicida, pero similar. En este proceso, el transgresor debe reflexionar sobre su propia vida, enfrentarse a sus errores y someterse al desapego emocional necesario para la introspección y la comprensión. La diferencia es que debe comenzar por recapacitar sobre todos los errores que cometió, y se inician removiendo todas esas emociones para que sufra y empiece a entender todo lo que hizo.

Por otro lado, quienes mueren a manos de otro experimentan un viaje relativamente rápido hacia la luz, pero en ocasiones no van a la luz. Esto no se debe a la forma en que fallecieron, sino a que no pudieron despedirse de sus familiares ni estar nuevamente con ellos. Esta situación suele deberse a una necesidad insatisfecha de despedirse o reunirse con su familia, lo que los ata al plano terrenal. Ayudar a estas almas se convierte en un imperativo, ya que su partida puede no haber sido predestinada de esa manera o en ese marco temporal específico, a diferencia de aquellos que han cumplido sus objetivos vitales. Tal vez no era el momento para que muriesen, y eso les causa confusión.

En mi consulta, he atendido a personas que necesitan comunicarse con sus seres queridos que murieron a causa de crímenes. A veces sienten la necesidad de descubrir quién los mató o qué pasó realmente con ellos. Su motivación suele ser el deseo de desvelar la verdad sobre las circunstancias de su fallecimiento, especialmente en los casos en los que el delito sigue sin resolverse o en los que se acusa a una parte equivocada. Esta falta de resolución puede detener a las víctimas del otro lado y les impide alcanzar la luz, ya que también desean ayudar a sus familiares a averiguar la verdad. Son casos que no son muy frecuentes, pero suceden, cuando el ser querido quiere que encuentren su cuerpo, que su familia tenga la posibilidad de enterrarlos y saber qué pasó para poder ir a la luz. Hacen todo lo posible para conseguir la respuesta y la forma de que encuentren su cuerpo, permitiéndoles descansar en paz, no por ellos, porque una vez desprendidos de su cuerpo material ya no están sufriendo, sino por la tranquilidad de sus seres queridos. Esta es la causa subyacente en el anhelo de las almas difuntas de que sus restos sean localizados, proporcionando así consuelo a sus familias y facilitando su transición pacífica al reino de la luz.

Desapariciones

Otro tipo de casos en consulta son las desapariciones. ¿Cómo dilucidar si un familiar realmente está muerto o simplemente desapareció de tu vida y está en otro lugar, pero todavía está presente en este mundo? Casi siempre, si esa persona por la que me preguntan está muerta, empiezo a sentir escalofríos y una sensación extraña. Sin embargo, estos casos requieren un enfoque matizado, que exige evitar la difusión de información ambigua y evitar conclusiones precipitadas. Este imperativo es coherente con las consideraciones éticas inherentes a la mediumnidad, las leyes espirituales y, fundamentalmente, el sentido común.

En una consulta vino una señora, y le empecé a describir a sus seres queridos presentes y después le empecé a manifestar de un hombre que veía en su entorno. Sobre este hombre a quien yo le empecé a describir, ella me decía que tenía unas características totalmente idénticas, pero a alguien que creía estaba vivo. Yo no entendía.

Termina la sesión, y es cuando me dice: "Quiero saber de mi papá. Se fue a Estados Unidos a pasar por la frontera. No hemos sabido más de él, o sea, no sabemos qué sucedió, porque iba de ilegal, y tuvo que pasar por lo que pasa la gente al cruzar la frontera. Quisiera saber si está vivo o está muerto. No me respondió; ya lleva como dos semanas sin responderme. ¿Qué pasa?". Y yo le dije: La verdad es que cada vez que me dices el nombre completo de tu papá, la persona que se manifestó a tu lado levanta la mano. Ella no entendía, y entonces le dije: "Vamos paso a paso. ¿Tu ser querido tiene estas características? ¿Era así? ¿Actuaba de esta manera? ¿Hacía esto, esto, y esto?", y mientras más le daba pruebas de que el espíritu que trataba de contactarla era su padre, a ella más se le salían las lágrimas. Tras una exploración de las características, acciones y rasgos de su padre, la alineación de la manifestación con su padre se hizo cada vez más clara, culminando en un reconocimiento emocional de su fallecimiento. Yo le dije: "según todo lo que puedo percibir, tu padre falleció". La mujer, que inicialmente tenía la impresión de que esta persona estaba viva, expresó confusión. Con mucho dolor, me dijo que en el fondo ya lo presentía, y desde que describí a esa persona al principio, sabía que era su padre, pero no quería aceptarlo, aunque sentía que era real esa manifestación.

Cuando percibo la desaparición de una persona, siento si está viva o está muerta, porque cuando está viva, esa energía no se manifiesta. Las habilidades perceptivas me permiten discernir la presencia energética que indica vida y la manifestación espiritual que indica la muerte definitiva. Las limitaciones éticas y los principios espirituales que rigen la mediumnidad subrayan el imperativo de un enfoque cuidadoso y deliberado de estos casos delicados, garantizando una determinación juiciosa del estado de existencia de alguien. Solo cuando alguien ha muerto siento la energía. El espíritu se manifiesta y de esa manera puedo saber que realmente esa persona en particular ha fallecido, antes de emitir cualquier juicio en una materia tan delicada.

Secretos familiares

Ocurre mucho en las sesiones que se revelan los secretos familiares. También depende del mismo espíritu, de lo que desea que se sepa o no, dependiendo del proceso de revelación de la autonomía de los espíritus implicados y de sus preferencias en cuanto a la difusión de la información. Me refiero a "lo que quieran", porque a veces no desean que se descubra todavía el secreto, solo lo hacen si quieren y yo los honro con mi silencio. Este respeto por la autonomía de los espíritus se ve subrayado por el reconocimiento de que los secretos pueden permanecer sin revelar hasta que los espíritus estén preparados para hacerlo.

En una consulta, la persona me dijo, "yo quiero saber qué es lo que ocultaba mi mamá". A pesar de esta petición, se ocultaron detalles explícitos durante la sesión, concretamente la revelación de que la madre de la persona había sido agredida sexualmente desde una edad temprana. En la consulta, percibí: "es que su mamá fue violada desde pequeña por su padre", pero eso no se reveló porque también me dijeron: "no quiero que se lo digas, porque era su abuelo". En consecuencia, mi papel en este contexto se extendió a proporcionar consuelo a la persona sin revelar los detalles protegidos, adhiriéndome al principio ético que prohíbe la divulgación de información sin permiso explícito. Hay cosas que no se pueden decir si no tienes el permiso para decirlas.

Hubo un caso que para mí fue impactante, donde yo le dije a la persona: "tu madre me dice que tu papá no es tu padre biológico, es tu padrastro. Tu padre biológico siempre estuvo al lado tuyo, aunque tú creías que no era muy cercano a ti". El verdadero progenitor era el mejor amigo de su mamá, pero eso nunca se descubrió mientras la madre estaba viva. Inicialmente escéptica, la persona acabó reconociendo un mayor parecido con el amigo que con su supuesto padre.

Pasan los días, y como el señor está vivo, por supuesto, ella lo confrontó. Tras confiarle estas revelaciones, el amigo de su madre le confirmó la veracidad de la información y que era efectivamente su padre biológico. Ella me expresó su gratitud por haber finalmente comprobado las sospechas que tenía desde hacía tiempo, citando los malos tratos que su padrastro le había infligido durante toda su vida. No es que abusara de ella, pero la maltrataba psicológicamente y ella no entendía por qué, si era su padre, no la trataba con cariño y siempre se dirigía a ella como si no fuera nadie. Sin embargo, el mejor amigo de la mamá la trataba como si fuese su hija. Ella comprendió todo y la comprensión le permitió reconciliarse con su vida acelerada, proporcionándole un cierre y permitiéndole liberarse de las cargas emocionales que habían impedido su paz mental. Encontró a su padre, que estuvo siempre con ella, y soltó lo que no la dejaba vivir tranquila y liberada de las cargas emocionales que habían impedido su paz mental.

A veces es bueno saber cosas del pasado, como algunas veces no es tan beneficioso. Como ocurrió durante una consulta donde una señora me dijo: "yo quiero saber si es verdad, porque me dijeron y también sentí que me violaron de pequeña, me tocaron, me abusaron. Y yo creo que fue mi abuelo". Al empezar la sesión, me comuniqué con el abuelo y le dije a la persona, "no fue tu abuelo". El abuelo no había sido quien perpetró el abuso, fue su padre, pero no podía decirle que él había sido, porque muchas veces el despertar traumas fuertes del pasado, con personas muy queridas, puede ser perjudicial, puede afectar mucho más a la persona, hasta llevarla al suicidio o a vivir momentos tormentosos. En estos casos me veo en la necesidad de mantener silencio. Simplemente, le dije, "no fue tu abuelo, no le eches la culpa, pero no tengo permitido decir quién fue". Y aunque insistió, le dije: "no te puedo ayudar con eso". A veces hay que dejar de decir todo lo que se nos revela en estos casos, porque sería más grave el daño que el beneficio. De hecho, revelar secretos familiares puede ser un arma de doble filo, ya que puede promover la paz interior en algunos casos y resultar perjudicial en otros. Las repercusiones de tales revelaciones van más allá de lo personal, ya que tienen la capacidad de disolver los vínculos y las relaciones familiares, sumiendo a las personas en crisis emocionales con resultados impredecibles.

En cuanto a los traumas generacionales, ¿cómo hacer para superar esos traumas que pasan de generación en generación? Es frecuente ver que la gente sufre mucho por situaciones familiares como el abuso, el alcoholismo y otras circunstancias que van causando daño de una generación a otra. Supongamos que tengo un padre que es alcohólico. Ese padre sigue tomando, pegando, abusando. Y mi abuelo fue alcohólico y mi bisabuelo también. Si a mí me está gustando tomar, poco a poco, si no corto eso, el daño que produce el abuso del alcohol en la familia también va a seguir pasando por mi generación y se proyectará hacia la siguiente. Son patrones aprendidos que se imprimen y se repiten. Lo mejor que tienes que hacer para cortar estos traumas generacionales es, primero que todo, perdonar a tu padre, o al familiar que te afectó, hacer una carta hacia tu padre o tu madre, tu esposo, o quien te esté causando el trauma. Por lo menos con el tema del alcohol, muchas veces hay personas que le tienen miedo al padre, porque la persona puede ser agresiva.

Un enfoque estratégico para romper estos ciclos implica reconocer el trauma y emprender un proceso consciente de perdón. En el contexto de un progenitor alcohólico, el inicio de este proceso puede comenzar con la expresión de los propios sentimientos a través de una carta cuidadosamente redactada dirigida al pariente agresor. El acto de escribir proporciona una salida para los innumerables sentimientos asociados al trauma.

Entonces, es recomendable tomar lápiz y papel para anotar todo lo que sientes hacia quien te está haciendo daño. Perdónalo emocionalmente. En esa misma carta, colocarás las frases: "Yo te perdono. Yo perdono tu pasado. Yo perdono tus vidas pasadas. Yo corto todas las reencarnaciones y todos tus problemas, para que así pueda vivir mi presente. Perdono a mi abuelo y a mi bisabuelo" (colocando el nombre completo de los parientes; si no tienes el nombre de tu bisabuelo, no importa, pero el de tu abuelo es importante, aunque no indispensable). Luego, doblas esa carta, anotas tu nombre completo y dices "yo perdono". Y comienzas a trabajar en soltar ese trauma que persigue a tu familia de generación en generación.

Este acto intencionado sirve para romper los lazos del trauma generacional, extendiendo el perdón no solo al progenitor inmediato, sino también a los antepasados que puedan haber contribuido al ciclo. Ahí enfrentas el problema y la dependencia emocional con tu padre y te preparas para, cuando tengas el valor, conversar de la mejor manera con él (o con el familiar que sea) para expresarle eso que nunca le has podido decir frente a frente.

En esencia, romper el ciclo del trauma intergeneracional requiere un enfoque deliberado y sistemático que combine la liberación emocional, el perdón y la eventual confrontación del problema con el objetivo de promover la curación y evitar la perpetuación de patrones destructivos en las generaciones posteriores. Es importante destacar que este proceso sirve como fase preparatoria para abordar el trauma directamente con el pariente agresor. Reconociendo el potencial de agresión, se anima a la persona a abordar la conversación con valentía y a articular sentimientos que pueden haber estado reprimidos durante mucho tiempo.

El trauma intergeneracional es un fenómeno complejo que puede perpetuarse a través de la reproducción de patrones de comportamiento, especialmente en escenarios en los que prevalece la dominación masculina y la codependencia de una figura machista estereotipada. Esta forma de perpetuación se produce cuando en el grupo familiar, normalmente las hijas, emulan la dinámica de comportamiento observada en las relaciones de sus madres, perpetuando así un ciclo de trauma a través de las generaciones.

En los casos en los que un hombre ejerce el dominio sobre una mujer y se produce una relación de codependencia, existe la posibilidad de que se reproduzca esta dinámica en contextos familiares posteriores. Este patrón cíclico se caracteriza por la adopción de la codependencia como un comportamiento aprendido, ya que las hijas observan e interiorizan el papel sumiso asumido por sus madres en relaciones caracterizadas por la dominación masculina.

Me han llegado a consulta, por ejemplo, casos donde las hijas repiten el patrón buscando a sujetos parecidos al padre abusador. Una vez, en consulta, una chica me dice: "Gabriel, siempre me pasa con todo hombre lo que pasó con mi abuela, con mi bisabuela, con mi tatarabuela y con mi mamá. Sucedía con todo hombre con quien estaban, y ahora pasa conmigo. Estoy con alguien, pero en el fondo mis sentimientos son confusos; solamente estoy por estar". Esto ocurre porque la reproducción de estos patrones suele estar impulsada por procesos de socialización que normalizan estas dinámicas dentro de la estructura familiar. Como resultado, las hijas pueden modelar inconscientemente su comportamiento según el de sus madres, reforzando los efectos duraderos del trauma intergeneracional asociado a los desequilibrios de poder entre hombres y mujeres. En ese caso, la mamá se manifestó y le dijo, "quiero que hagas este cambio, quiero que seas más independiente, quiero que cambies, y tú puedes hacerlo". Con el tiempo, ella tomó el consejo de su mamá, se divorció, creció en su empresa, avanzó, tiene otra persona; o sea, cuando tú cortas el trauma generacional logras muchos beneficios, pero primero tienes que identificarlo y afrontarlo, curarte, perdonar y hacer los cambios necesarios.

Abordar la perpetuación del trauma intergeneracional requiere un enfoque integral. Esto incluye una mayor conciencia de los comportamientos aprendidos y un esfuerzo consciente para romper el ciclo. Las estrategias para ponerlo en práctica pueden incluir el fomento del empoderamiento, la promoción de la igualdad de género y la promoción de dinámicas de relación saludables dentro del funcionamiento cotidiano de la unidad familiar.

Estos casos son muy comunes en la consulta. También en las

personas que veo, por ejemplo, en el autobús, que van sufriendo por los seres queridos que se fueron. Los veo caminando a su lado y comprendo lo que están sufriendo. ¡Hay tanta gente que necesita romper esos traumas, y yo siento la necesidad de ayudar! La mayoría de las personas pasan sus problemas de una generación a otra sin darse cuenta. Reconocer y abordar estos comportamientos aprendidos es esencial para mitigar la perpetuación del trauma y fomentar paradigmas de relación más saludables en las generaciones futuras.

Por eso es importante el despertar de conciencia, aprender a vivir en un nivel más alto, meditar, conocerse, amarse y trabajar en limpiar nuestro pasado y preparar nuestro futuro para nuestra propia evolución y, de esta forma, también ayudamos a otros a romper traumas, a descubrir que pueden vivir plenamente, a frenar esos sentimientos que empañan nuestras vidas y a trabajar mucho más la espiritualidad como una manera de conocernos, de ser felices, de amar y ser amados. Entender el significado de YO SOY AMOR, que no es ser egocéntrico, es proyectar ese amor interiormente para poder brillar hacia afuera.

Tipo de caso: Intento de suicidio

Un cambio de parecer

Todas las consultas ofrecen una experiencia única y diferente. Por ejemplo, en una oportunidad me reuní con una señora mayor, de aproximadamente ochenta años, quien se comunicó conmigo para hablar con su madre difunta. Durante la manifestación, la madre le expresó su amor, proporcionó mucha información y demostró de manera convincente que era ella. En ese momento, la madre le pidió a su hija, quien buscaba la consulta, que perdonara a su hermana. Le instó a seguir adelante, a no tomar decisiones precipitadas, a dejar de sentir miedo y frustración, a tener la certeza de que estaba haciendo las cosas bien y le agradeció por el apoyo continuo a su hermana.

Aunque la madre continuó compartiendo más detalles, no podía entender completamente su mensaje. Antes de finalizar la sesión, la madre le expresó una vez más su amor y su confianza en que tomaría la decisión correcta.

Al concluir la sesión, la consultante me dijo: "Gabriel, gracias, porque realmente me ayudaste". Mientras lo decía soltó un vaso con muchas pastillas que tenía en la mano y agradeció porque ella pensaba tomárselas todas para suicidarse. Explicó que no podía soportar más la situación con su hermana, quien la atormentaba constantemente. Se sentía sola, ya que la hermana, después de sufrir una enfermedad, había cambiado mucho y siempre peleaba con ella. La señora ya no tenía tranquilidad ni paz. Manifestó que, gracias a lo que le transmitió su madre, pudo comprender y pensaba que podría seguir adelante. También agradeció por ser el canal a través del cual su madre le proporcionó la información.

Me quedé sorprendido y sentí alivio al saber que esa persona reconsideró una decisión tan grave como el suicidio. Simplemente le agradecí a ella, le dije: "Dios te bendiga", le sonreí y ella también me sonrió antes de seguir adelante.

Almas de bebés y no nacidos

En la consulta, también me preguntan acerca de las almas de los bebés y de los no nacidos, o yo los veo que aparecen junto a las personas, acompañándolos. Quieren saber qué pasa con ellos, si ellos saben quiénes son, qué hacer cuando hay ese tipo de pérdidas y las personas sienten ese vacío o esa culpa si decidieron que no nacieran.

Lo que sucede es que esas almas, antes de venir a este mundo, ya están planificadas para un fin. Antes de encarnarse en el mundo físico estas almas están destinadas a tener una existencia transitoria. Previamente a su reencarnación un alma se comunica con otra, o con múltiples almas implicadas, esbozando su intención de impartir amor o sabiduría durante un momento fugaz antes de partir. Es decir que antes de reencarnar, un alma le advierte a la otra alma u otras almas involucradas que les dará amor o una enseñanza por un momento, y después se irá.

Cuando un alma reencarna y la mujer embarazada de ese ser tiene una pérdida, un aborto o un hijo que nació y a los pocos meses o a una temprana edad fallece, nos preguntamos por qué ha ocurrido esto. Son momentos difíciles donde nos sentimos muy conmovidos. ¿Qué es lo que sucede? Estas son almas viejas que vienen a enseñar una lección importante no solo a los padres, sino también a las familias o incluso a las amistades. Vienen a enseñar el valor y la verdadera importancia de las cosas que pueden estar pasando alrededor de sus vidas o que simplemente están dejando entender a la persona que no se sentía preparada para poder tener otro hijo o no era su momento, pero que sí tenía que prestarle mucha más atención al otro hijo, o a los hijos que tendrá después. Su propósito es subrayar el valor y la importancia real de las circunstancias que se desarrollan en las vidas de los implicados. También sirven para comunicar la necesidad de una comprensión más profunda del momento y la preparación para la paternidad, y para redirigir la atención hacia los hijos existentes o futuros.

Son muchas las enseñanzas profundas que solamente las madres o los padres van a poder aprender con esas pérdidas de su hijo no nacido. Cuando estas almas se manifiestan en las sesiones, muestran una forma distinta, actitudes y la capacidad de articularse como cualquier otro ser sensible. Se expresan como todos, pero se manifiestan como un niño o como una niña, primero para aclarar el sexo que son y segundo para dejar entender su necesidad de que les coloquen un nombre para que les puedan dar un lugar en la familia. Por eso es importante ponerles nombre, aunque no hayan sido gestados, no hayan nacido a término o hayan fallecido en el parto. El acto de dar nombre es significativo independientemente del estado de concepción del niño o del resultado de su nacimiento.

A veces creemos que cuando una mujer decide abortar, o lo tiene y lo pierde, ese bebé va a estar mal, o que su alma va a estar enojada o triste, pero no es así, porque su alma ya sabía lo que le esperaba. Estas almas conocen de antemano las circunstancias y aceptan de buen grado su efímera existencia. A menudo actúan como guías o ángeles de la guarda, saludando a sus padres en el momento de su muerte. De hecho, ellos mismos escogieron eso, y muchas veces son luego quienes reciben a sus padres cuando fallecen, o son sus ángeles guardianes. Esta perspectiva cuestiona la suposición predominante de que las decisiones reproductivas tienen consecuencias negativas y subraya la autonomía y la capacidad de decisión de estas almas a la hora de dar forma a sus breves existencias terrenales.

Procesos de reencarnación

¿Cómo saber si tu familiar ya reencarnó? Determinar la reencarnación de un ser querido supone un reto, dadas las complejidades asociadas a la percepción o predicción de una reencarnación que puede producirse en un periodo de tiempo prolongado, como 250 años en tiempo terrenal. Muchos me dicen: "Gabriel, quiero saber si voy a reencarnar", y me gustaría poder decirles: "No te preocupes, cuando mueras, tú no vas a durar tantos años".

Ahora, hay casos especiales. A veces se produce la revelación de que un ser querido ha reencarnado, es importante tener en cuenta la rareza de tales sucesos, siendo los casos de reencarnación rápida excepcionalmente raros, y más aún en el ámbito familiar.

He tenido experiencias en las que, por ejemplo, me han revelado que un alma ha reencarnado. Cuando viene una persona a la consulta y quiere llamar a un familiar fallecido y no se manifiesta, no es que se rehúse a presentarse, sino que debido a que reencarnó ya no se encuentra del otro lado. En ocasiones como estas los otros espíritus me dicen que no está, que ha reencarnado. Estas instancias corroboran casos en los que las almas reencarnan inmediatamente, lo que provoca la ausencia de comunicación espiritual.

Supe del caso de una chica que falleció y reencarnó en la que sería su sobrina. Le hice la consulta al hermano, porque la chica había fallecido. A los 23 meses de su fallecimiento, el hermano se enteró de que su pareja estaba embarazada, y durante la sesión su difunta hermana decía que la niña que iba a nacer sería su reencarnación. Al pasar unos meses, el chico me volvió a contactar y el bebé nació. Lo bonito es que después nunca más percibí a esa alma. Los seres queridos me dijeron que ya no estaba, que había reencarnado. Según el hermano, los gestos, la mirada y la esencia de la bebé eran idénticos a la chica que había fallecido, pero tuvo que reencarnar de esa manera porque cuando falleció no era su momento y debe de aprender lo que le tocaba en su vida pasada, cuando vino como hermana de su padre.

Cuando una persona experimenta una muerte abrupta e inesperada, suele significar que el alma no ha cumplido su propósito o misión vital. Si reencarnas tan automáticamente es por una razón, porque se puede reencarnar de muchas maneras después de que pase un tiempo. A pesar de la duración aparentemente larga de 250 años desde una perspectiva terrestre, debo mencionar la ausencia de restricciones temporales en el reino metafísico. En nuestra línea temporal 250 años es un período muy largo, pero del otro lado el tiempo no existe. La capacidad innata de un alma para reencarnarse introduce un espectro de encarnaciones potenciales más allá de las formas humanas tradicionales. El alma reencarnada puede manifestarse en una variedad de entidades, incluyendo no sólo formas humanas, sino también de otros seres vivos. Esta diversificación subraya la amplitud de oportunidades experienciales de que dispone el alma, ya que la adquisición de conocimientos va más allá de las interacciones con entidades humanas para incluir los modos únicos de comunicación y conexión inherentes a los diversos seres vivos.

Uno viene a este mundo simplemente a transformar el alma, a evolucionar, pero cada persona tiene una misión distinta. En esencia, la noción de reencarnación como respuesta a un propósito vital insatisfecho subraya la naturaleza dinámica y expansiva del viaje del alma y destaca la versatilidad de las formas y contextos en los que puede producirse la reencarnación. Creemos que la misión de vida es tener una empresa, crear una familia, tener un negocio, y no es así, tu misión de vida es algo interno. Lo importante es descubrirlo para ser más conscientes de lo que somos. El reconocimiento de este proceso multifacético amplía la comprensión de la búsqueda continua del alma por el crecimiento y la iluminación, trascendiendo los confines de las limitaciones temporales convencionales y abarcando las diversas manifestaciones inherentes en el reino de los seres vivos. La realización del propósito de la vida es polifacética y puede manifestarse de diferentes maneras. Las personas pueden atravesar su existencia sin ser conscientes de su misión, o pueden implicarse activamente en esfuerzos por despertar su esencia intrínseca. Podemos vivir sin darnos cuenta de nuestro cometido y también podemos trabajar para despertar nuestra esencia, o puede ocurrir de improviso, porque la misma vida nos lo va a dar a entender.

Tu Ángel Guardián

La relación con tu Ángel Guardián tiene que ser fuerte, tiene que ser una energía muy intensa, ya que tu Ángel Guardián es un familiar fallecido. Es quien te va a proteger y te va a guiar. ¿Cómo puedes saber quién es tu Ángel Guardián? Determinar su identidad implica un ritual de meditación prescrito, que suele realizarse antes de dormir. Durante esta fase meditativa, se anima al individuo a expresar su deseo de manifestación. Siempre digo que antes de dormir, medites por unos cinco minutos y digas, "quiero que te manifiestes, quiero ver quién eres", y se va a manifestar en un sueño o va a dar una señal. En mi proceso, me ayudó mi tío Alexis, pero también mi bisabuelo, Silvio.

Cuando parte un familiar muy querido puede convertirse en tu Ángel Guardián, porque a quien llamamos el "Ángel de la Guarda" es un familiar muy cercano a la persona. Tras la muerte de un familiar querido, existe la posibilidad de que ese individuo asuma ese papel. Esta transición es particularmente plausible si el pariente fallecido sentía un profundo afecto por el individuo, como evidencian las manifestaciones oníricas caracterizadas por un semblante benévolo, como cuando alguien que te quiere mucho fallece y se empieza a manifestar mucho en sueños, sonriendo. Todos tenemos un familiar que nos guía y protege, creemos que es un ángel o un arcángel, pero más bien es un familiar con el que tienes cercanía. Llega un punto donde tú puedes preguntar en palabras directas, "¿quién es mi Ángel de la Guarda?". Ese ser se manifestará como tu guardián, porque de ahí en adelante es tu Ángel Guardián y estará en otro nivel, y es sumamente importante mantener con él una buena comunicación.

Una vez establecida la identidad del Ángel de la Guarda, es imperativo establecer una comunicación eficaz que servirá como conducto para solicitar orientación, ayuda en el desarrollo espiritual, mayor conciencia de los profundos significados de la vida y la muerte, y preparación para la evolución espiritual. El Ángel de la Guarda se concibe como una figura influyente capaz de proporcionar apoyo y guía inquebrantables a lo largo de la ascensión espiritual. Debes cultivar y alimentar esta conexión, desarrollar ese vínculo, pedirle que te guíe, que te lleve de la mano para tu bien y tu ascenso espiritual, para que aprendas a vivir y a prepararte para tu evolución, que te ayude en tu esclarecimiento, en tu desarrollo espiritual, y en tu toma de conciencia del verdadero sentido de la vida y de la muerte.

Comunicación con ángeles y arcángeles

Con los ángeles, arcángeles, guías superiores y maestros celestiales estoy en contacto cuando me comunico con ellos. No es la misma forma de contacto como sucede con los espíritus.

Al espíritu lo veo de una manera sencilla, porque los percibo y los identifico con rapidez. En cambio, con los ángeles y arcángeles, al momento de comunicarme, ellos se conectan directamente con mi alma. Es decir que no es algo consciente, no es algo que tengo en la cabeza. No, me transmiten y percibo como desde mi corazón, como cuando está ese pálpito de tu alma o ese algo que te dice, "mira, no vayas por ese lado porque te puede pasar algo". Imagínate esa sensación. La empiezas a sentir, pero de una manera positiva, cuando empiezas a recibir mensajes de esos grandes maestros espirituales. Es algo increíble, espectacular, porque sientes paz. Sin embargo, el contacto no es cuando tú quieras, ni te llega tan fácil. Se logra cuando haces un despertar de conciencia más elevado y aprendes más a fondo el mundo espiritual. Solo entonces tendrás mucho más contacto con ellos, y comenzarás a recibir sus mensajes y su sabiduría para poder comprenderlos e interpretarlos.

En busca de tus dones

Descubrir tu mediumnidad

Para cultivar el dominio de la mediumnidad, una de las primeras cosas que se deben hacer es darle prioridad a la optimización del sueño como práctica fundamental. Segundo, el compromiso con la meditación se vuelve esencial; su omisión impide el proceso de desarrollo del don. Además, un individuo que aspire a desarrollar la mediumnidad debe sumergirse por completo en el reino de la espiritualidad. Esto implica la lectura dedicada de literatura que dilucida diversos caminos espirituales, junto con una exploración exhaustiva de la personalidad y del dominio interior. Al fomentar un enfoque inmersivo es probable que el don latente se manifieste de manera orgánica.

En el caso de un individuo que tiene una predisposición innata a la mediumnidad, el cultivo de la confianza en sí mismo es de suma importancia. Con el inicio de la toma de conciencia de las facultades intuitivas, comienza la experiencia perceptiva de discernimiento y observación de los fenómenos. Sin embargo, puede surgir el escepticismo, que lleva a cuestionar la autenticidad de tales manifestaciones. El punto crucial es la aceptación incondicional y la creencia inquebrantable en estos fenómenos. Al abstenerse de dudar y aceptar la veracidad de las experiencias, el individuo está preparado para afinar su agudeza perceptiva, facilitando así un compromiso más profundo con sus capacidades psíquicas latentes, porque cuando empiezas a tener conciencia de la intuición comienzas a percibir y a ver cosas, pero tú dices, "¿será que es una manifestación o no? Cuando tú NO lo pones en duda, entonces percibirás más, porque lo crees y aceptas que te está sucediendo.

La obtención máxima de este potencial está supeditada a un serio cultivo de la autoconfianza. Sin una base de confianza en uno mismo, el desarrollo perfecto de estas capacidades innatas se convierte en una tarea difícil, aunque haya una predisposición natural.

Luego, cuando una persona se percata de que tiene el don, a veces se obsesiona, pero este fenómeno es análogo a la concesión inicial de un caramelo a un niño, que crea una inclinación hacia la indulgencia continua. Con el tiempo, sin embargo, al igual que el proceso de maduración del niño y la comprensión de los principios nutricionales, el individuo entiende la necesidad de una modulación juiciosa en el ejercicio de sus capacidades psíquicas.

¿A qué me refiero? A medida que uno empieza a poseer la capacidad de comunicarse con el más allá y percibir diversos fenómenos, se desarrolla un proceso paralelo de maduración en la manipulación de este don. La habilidad de la mediumnidad se cultiva, acompañada de una comprensión perspicaz del uso sabio y el propósito previsto de tales habilidades. Desafortunadamente, aquellos que no son capaces de captar y desarrollar estas habilidades pueden ser estigmatizados y confundidos con individuos con problemas mentales.

Tienes que llegar a poder controlar lo que quieres ver, o no. La decisión consciente de ejercer mi omnisciencia es discrecional. Es decir que, supongamos, yo puedo ver todo de una persona que conozca, pero solamente si así lo quiero. Su presente, su pasado, su futuro, sus vidas anteriores, sus deseos, sus miedos, los seres que la acompañan. Pero no es necesario, porque yo quiero que el encuentro con esa persona, su interacción, la experiencia de vida que voy a compartir con ella, me sorprenda. La justificación de esta discreción surge del deseo de revelaciones inesperadas y espontáneas durante los encuentros interpersonales. El dominio de esta discreción conduce a un proceso de transformación en el que las impresiones psíquicas inicialmente abruptas, caóticas o desconcertantes se fusionan en un marco coherente y significativo. Cuando tú empiezas a tener ese dominio, tus habilidades psíquicas empiezan a fluir, a tener sentido.

La rutina del médium debe incluir cómo cuidar su don. Mientras que algunos pueden ser consumidos por un deseo incesante de manifestar sus habilidades de forma ubicua, otros pueden optar por la reclusión, demostrando una aversión a la auto-aceptación acompañada de miedo y una falta de comprensión con respecto a la naturaleza de sus experiencias.

Estas tendencias, especialmente pronunciadas en los años de formación, se exacerban en ausencia de orientación o en presencia de un entorno cultural antagónico. Fundamental para el cultivo de la destreza en estas habilidades es la adquisición de maestría, lograda a través de un proceso gradual y sostenido que enfatiza el papel central de la meditación como mecanismo de control. Este dominio, que es crucial para un uso óptimo, es inherentemente gradual y no puede lograrse rápidamente. Adquirir el control de la mediumnidad es un proceso gradual, muy personal y no se obtiene de la noche a la mañana.

Basándome en mi experiencia personal, ofrezco tres recomendaciones. En primer lugar, es imperativo que los individuos comprendan que poseer el don de la mediumnidad se acompaña de un propósito discernible, y que su uso ético es primordial, excluyendo cualquier aplicación malévola.

En segundo lugar, la persona tiene que aprender a protegerse y desarrollar estrategias de autoprotección. Como médium, uno está expuesto a una serie de energías desconocidas, incluyendo fuerzas poderosas y malintencionadas cuya influencia se extiende tanto a los reinos terrenales como espirituales. Es necesario que se tomen medidas de protección antes de revelar los propios dones y comprometerse en esfuerzos altruistas. Si la persona no se fortalece a sí misma y no protege sus facultades, se vuelve susceptible a la absorción de su energía por entidades externas. Como resultado, puede generarse un estado debilitante y ver comprometidas sus capacidades. Esta vulnerabilidad puede manifestarse como dolencias físicas, angustia psicológica o que sea confundido con una dolencia mental.

Con el reconocimiento de la propia identidad psíquica y la maduración de los dones asociados a ella, un compromiso continuo con la autopreservación se convierte en primordial para el cumplimiento de la propia misión. Antes de emprender interacciones interpersonales o sesiones psíquicas, es esencial una práctica meditativa preliminar. La meditación preparatoria consiste en cultivar un estado mental sereno empezando, por lo menos, con cinco respiraciones profundas, cerrando los ojos y usando la respiración para relajar el cuerpo, dejando todo fluir. Para reforzar este ejercicio de protección, pueden utilizarse diversos complementos, como incienso, palo santo, sal, frutas cítricas, símbolos religiosos u otros rituales personales. Esta práctica funciona de forma muy parecida a una meditación corta, facilitando la relajación física y una mayor receptividad hacia el yo interior. Así te concentras y empiezas a escuchar más a tu alma.

Lo tercero es no escuchar al ego. La mente humana, cuando se enfrenta a habilidades extraordinarias, puede generar un falso sentido de superioridad, fomentando la creencia de que la posesión de tales dones confiere una clara ventaja sobre los demás, pues llega un punto en que tu mente empieza a creer que todo lo que está viendo puede darle un beneficio. En medio de una plétora de percepciones diversas, tanto benévolas como malévolas, puede producirse una distorsión cognitiva en la que la mente busca la omnisciencia y se esfuerza por adquirir un conocimiento exhaustivo. Y hay personas que tienen este tipo de dominio, que quieren utilizarlo para algo malo, por ejemplo, perjudicar a otra persona. Imagina que yo sé algo muy íntimo de ti, y te diga, "si tú no haces esto, voy a exponer lo que sé de ti". Es importante reconocer que, aunque poseas un conocimiento íntimo, existen limitaciones éticas que se rigen por principios del reino espiritual. Violar estos principios es transgredir leyes inherentes. Y tú no puedes utilizar tus dones para aprovecharte de otros. Al momento de sobrepasar los límites, desde el otro lado te pueden bloquear la mediumnidad. Esta obstrucción puede persistir hasta la siguiente reencarnación, o el don puede disminuir gradualmente hasta que las facultades perceptivas se extingan por completo, un resultado incompatible con la trayectoria prevista de desarrollo espiritual. La idea es que vayas viviendo tu experiencia de médium, que lo entiendas y vayas desarrollando tus facultades psíquicas, y aprendas a cuidarte, porque vas a ser testigo de cosas que no esperabas que sucedieran y que quizás nunca hubieras querido ver. También debes vivir tu vida para utilizar mejor tus habilidades, pues a veces las personas que tienen el don se consumen y dejan de vivir su presente, ya que una preocupación excesiva por las propias capacidades mediúmnicas puede llevar al desapego de las circunstancias presentes. Este desapego puede manifestarse como un cese de la participación activa en la vida presente, olvidando la importancia de vivir, de disfrutar la convivencia, la cotidianidad, el cultivo de relaciones personales y las vivencias propias de cada edad.

El otro caso es la gente que posee los dones espirituales y tiene una resistencia a desarrollarlos. En particular, la dinámica familiar puede contribuir a esta reticencia, ya que los miembros de la familia reconocen el desarrollo que se está produciendo y, movidos por el miedo y la aprehensión, tratan de impedir la búsqueda y el compromiso del individuo con estos dones. Pero mientras más miedo le tengas, más lo empiezas a ver. Paradójicamente, la mayor resistencia emocional a estos dones tiende a amplificar las experiencias perceptivas asociadas a ellos. Esta amplificación puede provenir tanto del familiar afectado, que intenta ocultar la situación por miedo, como de la persona que tiene las experiencias espirituales. En contra de la intuición, los esfuerzos por negar o rechazar estos dones a menudo provocan una exacerbación de los fenómenos que los acompañan. Mientras más lo quiere rechazar más lo va a perturbar. El rechazo también puede ocurrir cuando un médium se encuentra espontáneamente con fenómenos perturbadores para los que no está adecuadamente preparado. Los individuos que, aun reconociendo su don innato, optan por resistirse a la progresión espiritual impiden activamente su desarrollo al trivializar su importancia en sus vidas. A pesar de la tendencia a distanciarse de estas habilidades innatas, la capacidad de percibir emociones, experimentar visiones, participar en la cognición intuitiva y discernir los pensamientos y emociones de los demás sigue siendo intrínseca y natural. Este tipo de habilidades psíquicas son naturales y mientras las personas más le huyen, más empiezan a experimentarlas. Quienes intentan evitar estas capacidades a menudo descubren que se manifiestan de forma incómoda en sus vidas, lo que subraya la naturaleza persistente e innata de estos fenómenos.

Cuando un individuo posee capacidades extrasensoriales en un grado elevado que constituye un don reconocible, lo recomendable es aceptar y normalizar esta faceta de su personalidad en lugar de percibirla como una anomalía. Simplemente, es parte de su vida. En los casos en que se produzcan episodios angustiosos, es aconsejable buscar ayuda o realizar prácticas dirigidas a aumentar el control. Estas medidas son especialmente apropiadas para protegerse de entidades insidiosas u otras manifestaciones que puedan aprovecharse de la relativa inexperiencia del individuo en el manejo de estas capacidades. ¿Es ésta tu situación? Si es así, puedes considerar protegerte con un brazalete o preparar un ritual para escudarte y purificarte con el fin de disipar estas presencias. Tales prácticas sirven para canalizar y fortificar la protección, mitigando la probabilidad de encontrarse con entidades negativas que puedan perturbar a la persona o a su entorno inmediato.

Es crucial reconocer que el cultivo de las propias habilidades es una cuestión de elección personal, y los individuos poseen autonomía para moldear sus vidas en consecuencia. El ejercicio de la mediumnidad no debe percibirse como una obligación o una imposición punitiva, sino como una bendición concedida. Tú lo desarrollas o lo ejerces como sea tu llamado, y a veces solo tenemos el don para aprender lo que nos toca vivir privadamente, o tenemos un llamado de vida que nos hace salir a ayudar a otras personas. Avocarse a desarrollar o utilizar estas habilidades depende de la inclinación individual y puede estar motivada por un imperativo de crecimiento personal o por una vocación más amplia de ayudar a los demás. Es una decisión personal.

Un médium se enfrenta a un dilema: conocerse interiormente y darse a conocer por los demás. Yo viví estos dos de una manera diferente, en tiempos distintos. Al principio yo sentía la necesidad de ser aceptado por los demás, y toda persona que acepte su capacidad de percibir lo extrasensorial, en principio vivirá el miedo al rechazo. Decidí conscientemente dar sentido a mi existencia dedicándome de todo corazón a esta búsqueda, fomentando el crecimiento espiritual, perfeccionando mis dones innatos y buscando la orientación de mis seres queridos y mentores para cumplir la misión que me habían asignado. Al mismo tiempo he hecho todo lo posible por vivir mi juventud y estar presente, compartiendo mis dones con todas las personas posibles.

Si tu hijo o hija tiene un don...

Una pregunta que con frecuencia me formulan, y que reviste gran importancia para mí, dada mi vocación de ayuda y mi propia experiencia, es qué recomendación puedo ofrecer a los padres que creen que su hijo o hija posee un don.

La recomendación que puedo brindar a los padres y familiares de una persona dotada, o que sospechan que tiene facultades, es que deben respaldarlos, guiarlos y proporcionarles apoyo.

Aunque puedan ser personas que no comprendan la idea de que sus hijos tienen un don, que les resulte difícil aceptar esta realidad, o incluso si los propios hijos aún no son conscientes de sus capacidades extrasensoriales, es crucial que los observen y canalicen sus inquietudes. Deben ponerse en sus zapatos y sensibilizarse ante la experiencia que están viviendo.

Con el transcurso del tiempo, es probable que su hijo o hija se exprese gradualmente, y si les otorgan confianza, compartirán lo que ven y sienten. No es sencillo vivir con un don, debido a los prejuicios y tabúes que existen en torno a estas habilidades. No compliquen aún más las cosas con la falta de apoyo y comprensión.

En cambio, los padres deberían escuchar, aprender de manera gradual, hacer preguntas sin presiones, dramas o miedo sobre lo que ven y sienten sus hijos. Si lo rechazan, estarán causándole daño y lo dejarán solo en este proceso. Si lo juzgan, no le dan crédito a lo que trata de comunicar, provocan que ese hijo no se exprese y no comparta sus experiencias. Esto puede ocasionar un daño emocional con consecuencias incalculables para su bienestar emocional y salud mental, incluso llegando a constituir un trauma o perjudicar su alma.

Lo mejor es respaldarlo y ayudarlo, buscar la asesoría adecuada. De esta manera, la persona con esas facultades puede desarrollarlas por sí misma, o con el tiempo, bloquearlas naturalmente.

Rutinas y desarrollo perceptivo

Inicié mi exploración de la literatura espiritual alrededor de los quince o dieciséis años, pues mi inclinación hacia este tipo de textos estaba ausente hasta entonces. En mi interior existía la percepción de que poseía una comprensión innata de las ideas que estos libros podían ofrecer. Aunque para algunos pueda parecer increíble hablar de temas sin haber profundizado en la literatura correspondiente, la información parece fluir sin esfuerzo. Algunos podrían cuestionar: "¿Cómo puedes hablar de algo que no has leído?", pero es como si mi mente funcionara como un sofisticado sistema informático, almacenando y recuperando estos conocimientos sin esfuerzo.

Desde que me interesé en desarrollar mi mediumnidad con mayor madurez, he leído libros que son muy buenos, pero no me guío por alguna filosofía, religión o un libro en particular. Reconozco que el contenido que canalizo puede parecer sorprendente para otros. Sin embargo, me veo obligado a mantener la autenticidad; no puedo atribuir mis ideas a libros, personas o enseñanzas concretas. La naturaleza de mi expresión es una en la que la información fluye directamente hacia mí, como mis dones inherentes, manifestándose como un conducto para profundas percepciones en presencia de personas receptivas.

No practico una religión en particular ni sigo las enseñanzas básicas del espiritismo, como la inmortalidad del alma, la naturaleza de los espíritus, sus relaciones con los hombres, las leyes que los rigen, y las enseñanzas para vivir mejor la vida presente, preparar el alma para la vida futura y evolucionar el alma. Esto lo he recibido de los seres de luz, de los seres fallecidos y mis familiares que se manifiestan y me aconsejan, o lo he aprendido a través de las sesiones.

Este alejamiento de las prácticas espirituales establecidas es particularmente pronunciado en el contexto de Venezuela, donde los asuntos de espiritualidad están arraigados en un medio estrecho y oscuro. El ambiente imperante se caracteriza a menudo por prácticas ocultistas, asociadas sobre todo a la brujería, más que a la disciplina de la mediumnidad. En consecuencia, la ausencia de mentores o guías ha sido un aspecto predominante de mi viaje espiritual en este entorno.

El crecimiento que comencé cuando tomé las riendas de mi desarrollo espiritual sigue una rutina diaria que no necesariamente es la misma. Mi viaje espiritual varía en función de las lecciones y los retos específicos que se presenten. Este régimen abarca la adquisición de habilidades como la autoprotección, la negación de influencias negativas y la recuperación de energía tras sesiones intensas. Cada sesión, al ser distinta, imparte conocimientos únicos que contribuyen a mi aprendizaje continuo.

Como médium, por supuesto, hay que prepararse. De hecho, realizo entrenamientos para despertar la conciencia. Explico el proceso cuando la persona se está iniciando, ya sea porque tiene dones o quiere desarrollarlos. Algunas personas me dicen: "Yo quiero entrar en la espiritualidad y quiero estudiar", sin embargo ya todos somos parte de la energía. Eres parte de lo espiritual y puedes despertar cuando quieras, porque ya eres parte de esa energía. Lo importante realmente es cortar las creencias.

La iniciación no es un proceso de entrada o salida, sino que implica desprenderse de miedos limitantes. Abogo por la voluntad de abrirse a experiencias personales, advirtiendo contra opiniones externas e instando a no permitir que influencias exógenas, incluida tu propia mente y tu ego, moldeen indebidamente tu visión del mundo y tus procesos de toma de decisiones. Cuídate de eso.

Para quienes luchan con una sensación de vacío y buscan respuestas en el ámbito espiritual, prescribo una práctica fundamental: una rutina diaria de autorreflexión. La incomodidad inicial de mirarse al espejo a diario durante un mínimo de dos semanas da paso a cambios transformadores a lo largo de un periodo más prolongado, fomentando así un cambio positivo en la propia vida. Al principio te vas a sentir extraño, aunque después de practicarlo durante unos dos meses empiezas a ver un cambio regular en tu vida.

Comprometerse con una rutina de preparación diaria facilita un mayor desarrollo de las capacidades innatas y fomenta una conexión más profunda tanto con uno mismo como con la fuente trascendente, independientemente de los sistemas de creencias individuales.

Inicia una práctica diaria de autoafirmación dedicando al menos cinco minutos a examinarte en el espejo, articulando conscientemente las cualidades personales y reforzando los atributos positivos. A continuación, emprende una sesión meditativa de unos veinte a treinta minutos. Tras este periodo meditativo, sumérgete en actividades de disfrute personal o que supongan un reto, como juegos o deportes, para crear un entorno propicio para salir de la zona de confort y abrazar el momento presente. Facilita las interacciones sociales para fomentar la confianza y profundizar en el conocimiento de ti mismo. Esto va a hacer que se incremente tu seguridad y autoconocimiento. Luego, antes de dormir, si lo deseas, medita por unos cinco minutos.

También recomiendo buscar algunos libros que te ayuden en tu camino de formación, música para meditar, escuchar algo de espiritualidad o recitar el ho'oponopono, que es una técnica muy buena para calmar la mente y practicar la sanación.

Estas rutinas contribuyen a una sensación de paz interior y facilitan una mayor conexión con el yo interior. Si sufres de ansiedad, una buena técnica para mitigarla es mojar tu cara por unos minutos con agua fría en el lavamanos, y eso ayuda a controlar los síntomas.

Técnicas de autoafirmación

Ya he descrito mi régimen diario de preparación, caracterizado por prácticas de meditación constantes, aunque sin horarios fijos, que dependen de mi estado emocional, nivel energético, propósitos y retos de cada día. Ahora quiero ahondar un poco en un aspecto crucial de mi rutina que es la autoafirmación frecuente, especialmente mirándome al espejo y expresando sentimientos positivos.

Esta técnica es ideal para fomentar la conexión con mi yo interior, mi niño interior y mi alma. Además, encuentro beneficios en pasar tiempo en la naturaleza, ya sea caminando, yendo al bosque o a la montaña, para conectarme y respirar. Esto es lo que practico, si bien esto define mi enfoque personal, la diversidad de preferencias y misiones individuales entre los médiums puede dar lugar a prácticas y métodos distintos.

Cada médium puede practicar su propia rutina, en función de su misión y de sus inclinaciones personales. El proceso de trabajo interior en este contexto es personal e íntimo, lo que permite un enfoque flexible, siempre que promueva la claridad, la paz interior y la alineación con el camino espiritual y el propósito de vida.

Mi mantra favorito es repetir "YO SOY AMOR, YO SOY AMOR...". Es como llenarse de amor y luminosidad por dentro, conectarte con esa energía vital que posees y con el resto del universo. Esta práctica inicia un cambio transformador en los patrones cognitivos, alejando la mente de la negatividad habitual hacia la visualización del amor, elevando así la conciencia mediante la aplicación constante de la meditación y la introspección interior. No estoy hablando de religión; puede hacerlo cualquier persona, sin importar su creencia. Solo trata de conectar contigo mismo, con la evolución de tu persona y de tu alma.

Es recomendable para personas que necesitan darle un sentido a la vida, para quienes tienen la autoestima baja, se sienten juzgadas o incomprendidas, para quienes perdieron a un ser querido o pasan por un momento muy difícil en su vida y quieren volverse a conectar. También es útil para personas que de alguna manera no quieren aceptar ciertas circunstancias en su vida.

Estas técnicas ayudan a fomentar una autopercepción positiva, impulsando a las personas a reconocer su belleza intrínseca, a menudo oscurecida por una desconexión de la autoconciencia. El acto de mirarse al espejo durante tan solo cinco minutos facilita una conexión profunda con el alma, revelando una belleza que va más allá de las apariencias superficiales.

No muchas veces podemos ver que hicimos algo bueno, pero lo notarás si te conectas con esa imagen en el espejo y empiezas a ver tu belleza interior. Cuando te ves en el espejo puedes ver lo que está más allá, y ese simple acto reflexivo te lleva a conectarte con tu alma, ver la esplendidez de tu ser, y te toma solo unos minutos que pueden cambiar la apreciación de tu momento y enfocar tus capacidades perceptivas y tu confianza en general.

Elevar tu conciencia

Para empezar a elevar la conciencia no hay que buscar mucho más allá, ni ir muy lejos, ni conseguir a un gurú. Mi recomendación es que la persona se preste atención a sí misma, que vea el valor que tiene como ser humano, no importa en la condición que se encuentre, que se enfoque en su amor propio, se dedique a sí mismo, a conocerse, a cumplir sus objetivos y a las cosas que les gusta. Y dirás, ¿qué tiene que ver esto con un despertar de la conciencia? Es que tú no puedes despertar si no empiezas a comprender lo valioso que eres en esta vida.

Muchas veces creemos que lo importante es que uno viene a esta vida a evolucionar, pero si te dedicas a que los demás evolucionen y no te ayudas a ti mismo, entonces no tiene sentido. Primero debes apreciar lo especial que tú eres, darte tiempo para ti y creer más en ti.

Cuando empiezas a hacerlo, tu alma, por sí sola, llámalo pálpito, intuición o como se quiera llamar, te va a indicar lo que debes hacer para que el sentido y motivo de tu existencia se pueda expresar. Y esto va a ser un despertar de conciencia y vas a empezar a entender muchas cosas alrededor de tu vida.

Sin embargo, el despertar de conciencia no se va a conseguir solamente con el trabajo espiritual y ayudando a los demás. No, porque si no lo trabajas internamente de igual manera vas a estar triste. Vas a sentirte vacío.

El despertar de la conciencia debe iniciarse desde el interior de uno mismo, dedicándose tiempo y atención. A veces me dicen, "Gabriel, no puedo, he trabajado veinticuatro horas", pero no es verdad. Todos tenemos tiempo; simplemente, solemos dárselo a cosas que no son prioritarias para nosotros.

Existe una creencia errónea de que nuestras prioridades deben ser externas a nosotros, como si no fuéramos esenciales para nuestro propio bienestar. Esto es un error, ya que no podemos ayudar a nadie si no comenzamos por ayudarnos a nosotros mismos. No podemos persuadir a otros si no nos persuadimos primero, y no sabremos a dónde ir si no nos hacemos esa pregunta inicial. De lo contrario, continuaremos a la deriva, sin brújula, sin un objetivo claro, sin trazar nuestro propio camino.

Trabaja en ti

Mi frase favorita es "YO SOY AMOR". Enunciarlo me induce a conectarme y ver, aparte del valor que tengo como persona, lo especial que soy como persona; no por tener el ego alto, sino por sentirme singularmente diferente de los demás y comprender que vengo a evolucionar y a ser una mejor versión de mí mismo.

El amor propio es sumamente importante, pero no siempre es fácil adquirirlo y mucho menos mantenerlo. La sociedad actual complica este proceso, especialmente para los jóvenes, quienes al socializar con sus amistades a menudo buscan conformarse con ser como los demás, permitiendo que las expectativas externas controlen su sentido de identidad. Estos factores externos, tanto para jóvenes como para adultos, a menudo sirven como excusas que alejan a la persona de sí misma, impidiéndole alcanzar un nivel mínimo de amor propio.

Los adultos que tienen familia enfrentan desafíos para mantener un amor propio saludable, ya que deben equilibrar las responsabilidades y deben estar pendientes de su pareja, hijos, trabajo, de sus padres y otras obligaciones.

Ahora bien, ¿cómo puedes dar amor si no posees amor propio? ¿Cómo puedes amar a otros si ni siquiera sientes amor hacia ti mismo? ¿Cómo podrías brindar amor a tus hijos si careces de amor propio?

No nos formulamos estas preguntas y pasamos por alto el grave error que estamos cometiendo. Cuando nos enfrentemos a nuestros hijos o nietos, les plantearemos la cuestión: "Mira, presta atención". Y seguramente nos responderán: "¿Cómo puedes decirme eso, si nunca lo practicaste contigo mismo?". Reflexionar sobre ello nos hará darnos cuenta de su veracidad, y empezaremos a lamentar todas las situaciones que acontecen en nuestra vida. Por lo tanto, no esperes a mirar hacia el pasado cuando sea demasiado tarde; actúa ahora mismo.

El amor, en todas sus manifestaciones, conlleva repercusiones tanto positivas como negativas, dependiendo de cómo se experimente. Al amar a tus padres, a una pareja, a una amistad o incluso a los animales, experimentas sensaciones increíbles. En todos estos casos, hay un elemento esencial: el amor hacia uno mismo. ¿Por qué? Si amo profundamente a mi pareja, pero esa persona no corresponde con el mismo nivel de afecto, independientemente de cuánto yo ame, debo aceptar la realidad y dejarla ir. Es crucial comprender que la felicidad en una relación depende de la reciprocidad del amor.

Tengo que comprender que yo puedo estar feliz con una persona, pero que la persona no es feliz conmigo. Me quiere, pero no me ama. El amor entre dos personas no es tan fácil de encontrar. No porque sea difícil conseguir a esa persona, sino porque es arduo conseguir el amor hacia uno mismo. Así que buscar el equilibrio entre trabajar nuestro amor propio y amar a una persona a veces se nos hace muy complicado, porque en ese intento nos perdemos. Damos mucho más de lo que nos queremos, pero subconscientemente lo que pasa es que la persona da mucho más porque lo que quiere es recibir.

Ese vacío, esa insatisfacción la siente la otra persona, y a veces no es su culpa que no nos quieran tanto como queremos, sino que pesan cosas del pasado que no nos dejan amar y no nos dejan ser amados. Cuando ocurre esto, es indicativo de que la persona aún no ha liberado su pasado, impidiendo así que viva plenamente en el presente. La falta de amor propio contribuye a estas dificultades, complicando las relaciones.

También hay personas que se aman muchísimo, quienes han soltado todo esto, pero están dedicando todo su esfuerzo hacia sus padres, familiares, a menudo hacia amistades o hermanos a quienes aman profundamente. Los valoran enormemente, ya que son figuras significativas en sus vidas, y a veces, eso conlleva a que se olviden de sí mismos.

También me sucedía, hasta que decidí realizar un cambio, comenzar a prestarme atención. Al hacerlo, te das cuenta de que amas aún más, pero esto no te quita nada. Valoras cada cosa, cada segundo, cada palabra, cada tacto, con ese familiar que quizás no habías valorado durante años. Así, comienzas a aprovechar el tiempo con esa persona y te das cuenta de que el día que parta hacia el otro plano, no sentirás culpa, rabia ni tristeza, porque disfrutaste plenamente de todo lo que podías con ella.

El amor es un motor de transformación en la vida. Sin embargo, no es tan fácil obtenerlo; solo lo logras si cultivas el amor propio. Lo más desafiante en la vida, lo afirmo como médium, es dedicarte a ti mismo, es buscar la felicidad. Ese es el gran objetivo, esa es la misión, ese es el gran porqué de toda persona. Y a medida que encuentras la felicidad, puedes hacer el bien y ayudar a otros, ya que el amor es una energía infinita.

Muchas veces nos desviamos de ese objetivo sin darnos cuenta de que si cumplimos nuestro objetivo podemos ayudar a los demás, mucho mejor y de muchas maneras. Cuando confundimos el amor con la dependencia, entonces se dan las relaciones tóxicas.

Por ejemplo, cuando la persona está ausente emocionalmente por su experiencia con su madre, con su padre, una pareja, sus hermanos o incluso por sus amistades, que tal vez hicieron de su infancia una etapa difícil, y se convierte en una persona tóxica que siempre necesita atención, porque siente la necesidad del amor de esa persona, pero a eso no podemos llamarlo amor.

Las relaciones tóxicas dependen de dos personas que se retroalimentan, no son responsabilidad exclusiva de una sola persona. Si la otra parte es tóxica, el amor se irá desvaneciendo y la relación llegará a su fin. Sin embargo, a veces quedamos atrapados en ese círculo vicioso. Si la relación se rompe por alguna circunstancia y no dejamos atrás lo que contribuyó a ello, es probable que nos encontremos nuevamente con otra persona tóxica. Nos volvemos dependientes de esa necesidad de sufrimiento, aunque no nos percatamos de ello.

Para sanarte, primero debes ser consciente de lo que te está sucediendo. Hazte preguntas como qué es lo que realmente deseas y qué te impulsa a permanecer en esa relación. Muchos expresan: "Quiero estar en la relación para sentirme mucho mejor", pero no puedes depender emocionalmente de otra persona. Cuando te vuelves emocionalmente dependiente, la dinámica de la relación se ve afectada, ya que absorbes toda la energía. Posteriormente, sientes que la vida te lo arrebata, y es por eso que las personas que cometen este error continúan repitiéndolo de una pareja a otra. La vida les sigue presentando desafíos hasta que comprendan que deben valorarse a sí mismas para poder establecer relaciones saludables, ya que la idea de una relación es sumar, no restar.

Equilibrio holístico

En el marco del crecimiento espiritual de la persona que tiene facultades psíquicas, muchas veces te sientes abrumado porque todo el mundo quiere algo de ti. Entonces, ¿cómo puedes lograr ese equilibrio holístico sin que la presión del mundo exterior te afecte en todas las facetas de tu vida?

Quiero compartir mis experiencias al respecto. Anteriormente, me sentía abrumado y afectado, ya que resultaba difícil superar esa perspectiva del mundo. En ese entonces, era muy joven, no estaba preparado y no contaba con la orientación de alguien que hubiera pasado por una experiencia similar. Mi familia estaba presente, pero no sabían nada de esto. Solo contaba con los familiares del otro lado que me cuidaban, guiaban y orientaban.

Mientras tanto, a medida que se conocía de mis dones y que yo sentía la necesidad de ayudar, las personas que se acercaban a mí, era porque querían saber de sus fallecidos y yo sentía que todo era por interés, y eso me desagradaba. No me gustaba, me sentía mal porque quería ayudar, pero también tener amistades auténticas. Me refiero a alguien a quien no le importara que yo tuviese facultades extrasensoriales, y que me tratara como una persona común y corriente.

La pregunta no es cómo pude sobrellevar la situación, sino cómo controlarla, ya que no es posible evitar que las personas se acerquen a ti debido a tus dones. Esto es parte de tu existencia, de tu misión como ser humano, de la experiencia que te ha tocado vivir en tu tránsito por la existencia. Todas las personas siempre quieren saber algo, ¡siempre!, pero logré comprender que el límite lo establezco yo y depende de mí. En verdad, decido lo que quiero compartir con una persona y no tengo la obligación de demostrar qué es lo que deseo.

Para vivir en armonía, es crucial comprender que todas las personas son especiales. Así como yo tengo el don de la clarividencia, otras personas poseen diferentes habilidades. De alguna forma esa perspectiva me ayudó a no tomar las cosas de manera personal, permitiéndome fluir con la vida y sus experiencias, tanto las positivas como las negativas, aprendiendo de cada una de ellas. Ahora puedo sentirme más normal, como cualquier joven de mi edad; practicar deportes, hacer lo que me gusta y no experimentar culpa por no estar ayudando constantemente, como lo hacía antes. Aprecio mi don, pero no permito que domine mi vida al extremo.

Ahora, a pesar de saber que algunas amistades se acercan a mí por interés, he aprendido a manejar las situaciones. Tal vez, con el tiempo, lleguen a verme tal como soy, sin considerarme principalmente como un médium, sino como un verdadero amigo. Quizá nunca ocurra, lo cual ya no me inquieta. Creo que mi actitud cambió al darme cuenta de que la única persona en quien debo confiar es en mí mismo para que los demás puedan confiar en mí.

Voy a ser mi propio amigo, ya que siempre estaré conmigo mismo y debo dedicarme tiempo. Necesito tener mis objetivos claros y continuar trabajando en mi crecimiento espiritual, ya que mi mente, en algún momento, puede llegar a perturbarme. Pero debo esforzarme por ser la mejor versión de mí mismo y confiar en mis capacidades. La sugerencia que les doy a aquellos que tienen un don y necesitan desarrollarlo o controlarlo, así como a aquellos que quieren crecer espiritualmente, es que mientras más intenten alejarse de aquellos que desean conocer sus habilidades, más se van a acercar y van a conocer a personas que pregunten por eso, pero si dejan que las cosas fluyan y empiezan a dedicarse más a ustedes, esas personas que solo te tratan por interés se alejarán con el tiempo. Llegarán entonces personas que no les traten por conseguir algo de ustedes, sino porque genuinamente les aprecian.

Cómo comunicarte con el otro plano

Lo primero que siempre recomiendo, en todos los aspectos, es la meditación; además de que es crucial para sanar tu pasado. Internamente, debes sanarte, porque cuando buscas desarrollar la intuición, el poder psíquico innato en cada persona, es esencial comenzar recordando, sanando y perdonando el pasado. Por ejemplo, perdonar a tus padres, o cualquier experiencia de la infancia que te haya afectado, también otras vivencias que te hayan causado dolor cuando eras niño o niña, o algún trauma con una pareja que te haya marcado.

Al iniciar este proceso de sanación, experimentarás una mejora en tu bienestar y ganarás confianza en ti mismo. Si no sanas, llevas algo que te perturba y molesta constantemente. Esa espina que, a pesar del tiempo transcurrido, persiste, y tu mente y ego te la recordarán, especialmente en situaciones similares.

¿Qué ocurre cuando comienzas a sanar y soltar? Empiezas a confiar en ti mismo y a sintonizar con tu alma, ese palpitar, ese sexto sentido que puede expresarse por sí mismo. Descubres el lenguaje de tu alma, y aprender a escucharlo es fundamental, ya que es lo que te proporcionará la intuición, la conexión psíquica, y la capacidad de percibir también en otras personas.

¿Qué sucede cuando, al dedicarte a ti mismo, comienzas a vivir más en el presente y a sentirte libre para hacer lo que te gusta? Experimentarás una sensación diferente a la que siempre has tenido. De esta manera, la persona comienza a desarrollar su intuición. Para desarrollarla es necesario recuperar la seguridad, la curiosidad y la apertura que tenías de niño, pero ahora con mayor fuerza y con la sabiduría acumulada por la experiencia.

Algunos ejercicios que puedo recomendar a cualquier persona para conectarse directamente con sus seres queridos, sin necesidad de tener habilidades extrasensoriales, son los ejercicios de respiración. Sirven para abrir la comunicación con el más allá sin necesidad de rituales peligrosos, ni jugar con la Ouija, porque algunos a veces sienten la necesidad de recurrir a esas prácticas, sin saber que quizá lleguen a despertar energías negativas.

Para comunicarte con ellos, comienza por realizar ejercicios de respiración y poco a poco vas a ver que tu intuición se irá abriendo. Respira cinco veces profundamente, te relajas, vas a visualizar un bosque. Te mantienes en ese estado meditativo durante unos cinco a diez minutos. En ese momento dirás tres veces el nombre completo de tu ser querido. Al pronunciar su nombre lo que ocurre generalmente es que lo vas a empezar a sentir detrás de ti, o lo vas a ver en tu mente en la meditación, o en el campo donde estés viendo, o estés visualizando.

Cuando lo hagas, es normal que te sientas extraño, y que sientas emoción, pero para obtener el objetivo de esta meditación, hay que mitigar esa emoción, tienes que controlarla y tratar de permanecer de una manera neutra, porque si te pones a llorar, tu mente se va a perturbar, y entonces no vas a poder ver con claridad al ser querido.

Así que respira profundo y piensa en lo que le quieres decir a ese ser querido, y abre tu mente a los mensajes que quieres recibir. Abre los ojos y quizás podrás visualizar al ser querido. Recuerda que esa presencia es una proyección, no vas a ver una figura real, sino una proyección de su alma, lo vas a percibir, pero no necesariamente lo vas a ver. Termina de hacer tus respiraciones, relájate y luego puedes tomarte una infusión o irte a descansar.

Al día siguiente repites el ejercicio, y a medida que te acostumbras a ver al ser querido, sin llorar, te dará mensajes, ya sea porque lo has empezado a escuchar, o simplemente te va a transmitir las palabras de lo que te quiere manifestar.

¿Cómo sabes si todo esto es sólo parte de tu imaginación? Muy sencillo, cuando entres y salgas de esa meditación, te vas a sentir extraño, tendrás una sensación rara. Cuando lo veas vas a saber que es ese ser querido y además cuando te hable lo va a hacer de una manera distinta, o de cosas que tú tampoco sabías.

La idea es ir aumentando de cinco a diez minutos, después de diez minutos pasar a quince minutos, y después a veinte minutos hasta llegar hasta treinta minutos. De esa manera es como tus seres queridos te van preparando para que tengas contacto con ellos.

Lo segundo es que todas las noches antes de acostarte, puedes decirles: "quiero que me des una señal, quiero que me demuestres que estás acá, que me sigues protegiendo y cuidando", y pronuncias el nombre completo de la persona. Lo más seguro es que en esa misma semana vayas a tener un sueño con el ser querido.

Lo tercero es que todas las mañanas, después de que parte un ser querido, tengas a mano su fotografía y al verla, le preguntes como está, pero además puedes pedirle que te dé una señal ese día, o decir en voz alta: "quiero que me demuestres que estás conmigo", y pronuncias su nombre con una sonrisa; de esa manera se va a manifestar y te va a dar señales de que está contigo. Con respecto a ello, quiero dejar un referente muy concreto. No necesitas tener un don para comunicarte con tu ser querido. Te escucha, te ve, sabe lo que haces, sabes lo que estás sintiendo en la parte emocional, lo que piensas, ellos ven y perciben todo. Por eso, siempre van a saber el momento adecuado para darte una señal. Entonces, cuando tú les pidas una señal, ellos sí te la van a dar, pero nosotros tenemos que estar pendientes para ver qué tipo de enseñanza nos pueden dar. No necesitas hacer un ritual, ni montar un altar, o algo así para que te escuchen. Ya te escuchan, pero mientras tú digas que no te hacen caso, más complicado va a ser que veas la señal.

No es malo pedirle a nuestros seres queridos, eso no les puede perturbar su vida eterna. Cuando les dices "¿cómo estás?", o "quiero que me des una señal", o cuando los visualizas sonriendo, cuando les preguntas qué están haciendo del otro lado, si se encuentran felices, o les dices cosas bonitas, cosas buenas, eso no es malo. Lo malo es cuando dices cosas incómodas, "¿por que te fuiste?", "no te tenías que ir", "me dejaste sola, o solo", "quedamos con una conversación pendiente", entonces de esa manera, sí puedes atrapar un poco el espíritu, y retrasar su avance hacia la luz.

He aprendido algo a mi corta edad, que independientemente de tus creencias, todo es energía. Lo que piensas, lo que dices, lo que deseas es energía. Y lo mejor que puedes hacer tras la pérdida de un ser querido, a pesar de lo dolorosa que sea esa pérdida, es soltarlo, porque si tú te apegas al ser querido, el ser querido no puede ir a la luz y eso puede ser perjudicial.

Tipo de caso: Estoy en paz

Un amor más allá de la muerte

Hace algún tiempo, tuve una consulta con una mujer de aproximadamente cuarenta años. Le pedí su nombre completo, y en ese preciso momento que me lo dio, comencé a percibir la presencia de un hombre. Era alto, de contextura gruesa y piel oscura. Se trataba de una persona a la que le gustaba estar bien arreglada y que se consideraba muy guapo. Además, era conocido por su carisma, y a pesar de su situación económica, siempre buscaba ayudar a los demás, mostrándose de manera humilde.

Durante la consulta, me sorprendió su manifestación, ya que este señor se arrodilló y sacó un anillo de compromiso. Directamente le expresó a la mujer cuánto la quería y que, si dependiera de él, se casaría nuevamente. Esta revelación me sorprendió profundamente. Al transmitirle este mensaje a la señora, ella rompió en llanto y me confirmó que, efectivamente, se trataba de su esposo fallecido. Había partido de una manera triste y rápida, sin tener la oportunidad de despedirse con un fuerte abrazo.

Durante la comunicación, el esposo transmitió su amor, agradecimiento por todo y aseguró que estaba bien, sin sufrimiento en su partida. Al concluir la consulta, la mujer agradeció, comprendiendo que él se encontraba en un lugar mejor, en paz y tranquilo. Esta experiencia se destaca como una de las más conmovedoras.

Mi alma no tiene límites

En mi desarrollo espiritual descubrí que no tenía sentido enfocarme en ser un canal de comunicación con nuestros seres queridos si no lograba hacer el bien y ayudar a las personas a ser felices, a entender nuestros procesos evolutivos como personas, como almas en tránsito y hacernos parte de esa energía que mueve todo el universo... Ese es el sentido de la frase "MI ALMA NO TIENE LÍMITES", cuando entendemos eso somos capaces de alcanzar cualquier cosa.

Sanar el pasado

Generalmente, las personas que se acercan a mí por ayuda, por curiosidad, por preocupación, es porque necesitan saldar una deuda con su pasado, con una persona que ya no está en este plano y que de otra manera no la pueden confrontar, porque les da miedo, porque lo evaden, porque el dolor de la pérdida y el sentimiento guardado no los deja vivir tranquilos.

Cualquiera sea el caso, para sanar tu pasado, primero tienes que enfrentar y aceptar la situación, entender lo que está sucediendo en tu vida. Muchos me dicen, "Gabriel, no he podido sanar mi pasado porque me da miedo enfrentarme a mi mamá, o me da miedo enfrentarme a mi papá, o no puedo expresarme porque ellos fallecieron". Siempre les digo que aunque hayan fallecido (o no), si no puedes expresarte, lo más conveniente es escribir una carta donde te desahogues, que lo hagas personalmente hacia esa persona, porque solo tú puedes llorar, soltar y sanar esa parte. Sin embargo, para confrontar el pasado, hay que pasar por tres etapas, siendo el sufrimiento la primera de ellas.

Luego es tomar la decisión y ver cómo empiezas a sanar esa herida, y lo tercero es cuando empiezas a comprender por qué esa persona que estuvo contigo se comportó de esa manera, en cualquier rol que fuese. Entre todas las etapas, la primera es la más intensa, porque es donde llorarás y asumirás el dolor. Hay muchas personas que dicen: "Gabriel, yo no quiero llorar". Si la persona decide que no quiere llorar, hace un bloqueo interno y eso provoca que la persona no sane lo suficiente. Cuando esto sucede, no se logra el objetivo. Por eso las personas tienen que tratar de hacerlo bien, al cien por ciento, sacar ese sufrimiento desde el fondo y con constancia para poderlo soltar. Y la mejor manera es anotando, escribir todo eso que tú sientes para que salga a flote.

La mayoría de las personas sienten que no son capaces de poder expresarle a otra persona (incluso a las personas más importantes en sus vidas) su parte emocional, por debilidad, por tristeza, por temor, o porque piensan que los verán con lástima. Por eso siempre sugiero comenzar por estar claros en lo que sentimos, para lograr sanarnos.

En ese proceso de sanación, uno de los desafíos más comunes es la evasión. Las personas tienden a enterrar las situaciones que los afectan profundamente dentro de sí mismos. Esta actitud consiste en tratar de hacer como si nada hubiera sucedido. Sin embargo, llega un punto en el que la realidad te muestra que hay aspectos de tu pasado que no te permiten avanzar como ser humano y espiritualmente.

Esto no tiene que ver con el éxito o cómo a alguien lo perciben los demás. Existe algo dentro que intentan evadir y que no los deja en paz, aunque nadie más lo note. Independientemente de lo que estén haciendo actualmente o de los eventos pasados, la vida te señala y recuerda lo que hiciste o lo que sucedió en tu pasado, así como las acciones de tus padres.

Muchas veces hay hogares donde el padre solía tener una personalidad muy fuerte, y si la mujer o la hija consigue una pareja, tiene las mismas características. Cuando sucede es porque vienen arrastrando, porque la vida les está diciendo, "tienes que sanar y aceptar, sí o sí".

¿Qué sucede cuando una persona evade, cuando no quiere seguir adelante y dejar atrás el pasado? Esto ocurre porque hay una resistencia interna que les impide avanzar. Es como si el proceso en el que te encuentras no quisiera permitirte aceptar un cambio. Es un período difícil, muy difícil, ya que es aquí donde la persona comienza a decaer por la depresión y la tristeza. Mi sugerencia es romper con esa rutina, hacer algo diferente. La persona tiene que salir un poco de su zona de comodidad, distraer su mente, realizar actividades que le gusten y vivir el presente. Luego, cuando esa persona comienza a sentirse un poco mejor emocionalmente, ya sea por su propio esfuerzo o con ayuda, puede soltar ya sea un sentimiento o el dolor por la pérdida de una persona.

Si este fuese el caso, la persona debe buscar ayuda, por ejemplo, con un psicólogo o un especialista que lo pueda ayudar a expresarse emocionalmente y a trabajar internamente para que logre sentirse mejor.

¿Qué sucede cuando a pesar de lo que hemos hecho, todavía sentimos que necesitamos saldar esas cuentas con las personas que se han ido? Cuando parte un ser querido, llega un punto donde dices, "lo perdoné", pero hay quien se queda con esa espinita, algo que no los deja dormir. Y eso sucede porque tal vez no hayas perdonado lo suficiente, o porque subconscientemente crees que el fallecido, o su espíritu, no se arrepintió de lo que hizo en vida. Muchas veces en las consultas las personas logran ver que su ser querido sí se había arrepentido o lo hizo cuando falleció. Entonces, si esa persona falleció y tú te quedaste con esa deuda sin saldar, con esa inquietud, o si perdonaste, hiciste tus ejercicios, pero sientes esa sensación, es porque no has cortado lo suficiente. Significa que hay algo en particular de esa persona que te causó un trauma, y esa situación es lo que verdaderamente debes perdonar.

Por ejemplo: en un caso hipotético, a una persona le afectaba que su padre tomara o maltratara a su madre, o que fuera poco expresivo y estuviera alejado de la familia. Estas tres situaciones son muy dolorosas (y frecuentes en las consultas). La persona nunca lo confrontó, por eso sigue sintiendo culpa. Entonces, sin darse cuenta, su tristeza se debe a que su padre nunca le brindó apoyo en nada. Si no sana totalmente, se quedará por siempre con esa herida.

Mucha gente vive así, porque lo que crees que es más importante, a veces es lo más pequeño, pero haces que lo más pequeño se vuelva más importante. Esto sucede con frecuencia, pero si se ignora o se niega, continúas sufriendo y sigues anclado en lo que sucedió antes, simplemente porque no hiciste lo suficiente para dejarlo atrás, o no lograste sanar las circunstancias que te afectaron en el pasado.

Hermanas en disputa

En una consulta, una joven de veinte años, inicialmente escéptica, compartió conmigo su experiencia. Le pedí su nombre completo, y en ese momento comencé a percibir la presencia de otra joven de unos veinticinco años. La describí con detalle: pelo largo y negro, llevaba un vestido negro con rosas rojas y zapatos de tacón alto, y de ella emanaba una agradable fragancia. Le transmití mensajes reconfortantes, asegurándole que estaba bien y que no debía sentirse culpable por lo sucedido, ya que ella ya no estaba presente.

La chica en consulta se conmovió profundamente al revelar que esa joven era su hermana fallecida. El vestido descrito era el regalo que su hermana le había dado tres días antes de su fallecimiento, instándola a usarlo en su cumpleaños. La hermana fallecida transmitió amor y consuelo, alentándola a no cargar con culpas y expresando que le hubiera gustado pasar más tiempo juntas, pero que las circunstancias fueron inesperadas.

En un momento curioso, la hermana fallecida soltó una risa y elogió a la chica como la mejor hermana. A pesar de no haber disfrutado lo suficiente juntas, la hermana siempre confió en ella, al igual que hubiera deseado que la chica menor confiara en ella. Sin embargo, le aconsejó mejorar su relación con su madre.

En este punto, la joven en consulta se emocionó aún más al revelar que acababa de discutir con su madre debido a desacuerdos. Aclaró que su madre quería ayudarla y brindarle apoyo, pero ella se sentía sola y emocionalmente afectada. Después de la consulta, la joven de veinte años, visiblemente conmovida, expresó su gratitud. Antes de esta experiencia, no encontraba un sentido claro en su vida y se sentía perdida. Me expresó que, gracias a la manifestación de su hermana en la consulta, planea disfrutar de su vida, mejorar su relación con su madre y perdonar su pasado, un proceso que hasta entonces no había logrado sanar.

El perdón

Muchas veces buscamos la respuesta para sanar en la otra persona, pero en realidad, esto depende de uno mismo. El perdón lo tienes que buscar dentro de ti.

¿Cómo trabajar el perdón? No es un proceso que se haga de un día para otro. Toma su tiempo, porque primero tienes que recordar. El recordar te hace doler, te hace revivir el momento. Cuando recuerdes, lo que debes hacer es soltar toda esa rabia, toda esa ira, todo eso que sientes por dentro.

No haces nada viniendo a una consulta si no asumes los problemas que debes perdonar, los ciclos que debes cerrar, los recuerdos que te hacen sufrir y te mantienen atado a un círculo vicioso.

Realmente, empiezas a perdonar a alguien cuando te enfocas en ver la realidad de esa persona tal como fue su vida. Si esa persona te causó un daño emocional o personal, quizás sientas rabia hacia ella. Sin embargo, con el tiempo, puedes decidir perdonar al comprender cómo fue su infancia. No se trata de aceptar como algo bueno lo que hizo, sino de entender de dónde vino su comportamiento, liberarte de la culpa y el rencor, ya que sabes que esa persona también pudo haber pasado por situaciones difíciles. Muchas veces, el perdón surge cuando ves la realidad completa de la persona.

Para poder perdonar hay que anteponer la prioridad de la

sanación y la intención de curar las heridas de tu pasado para absolver a esa persona. Sin embargo, muchas veces hay seres humanos excesivamente rencorosos, que no quieren perdonar absolutamente nada, pero he aprendido que hay que soltar y perdonar, porque si no lo haces, no llegarás a ser feliz. Tú necesitas ser feliz, y para ello debes perdonar.

Lo que puedo sugerir para perdonar es simplemente tratar de vivir tu vida como lo desees. Es vivir tu presente como tú quieres, es hacer lo que te gusta. Después de todo eso, no te digo que te acerques a la persona a la que tú le tengas rencor o por quien tú sufriste. Solamente te pido que dejes atrás esa situación, que sueltes a esa persona o a ese espíritu, para que te puedas sentir mejor contigo mismo y puedas seguir adelante.

Y el soltar, ¿qué significa? Es dejar ir ese momento, todos esos traumas, y condonar todo lo que te hace sufrir. Puedes anotar, llorar a solas o simplemente un día decir, "yo te perdono, yo suelto todo esto", y lo terminas allí. Hay que estar claro en que el meollo de todo este asunto es que la persona logre sincerarse consigo misma y que lo haga verdaderamente, porque si no lo hace con honestidad, no tiene caso. No es practicar la amnesia, es liberarse de lo que te ata al dolor.

Perdonar nos libera de cargas negativas, de enfermedades, de resentimientos, y nos hace libres, acercándonos más a Dios o a la fuente divina, cualquiera sea tu preferencia religiosa. Perdonamos para sentirnos bien y en paz con nosotros mismos, y continuar en nuestro proceso evolutivo, llevándonos a un mayor estado de placidez, gozo y plenitud de forma libre y genuina. Es un paso importante para limpiar y embellecer nuestra alma en esta gran escuela de la vida.

Practicar la gratitud

Otro elemento que es muy importante en nuestras vidas es la gratitud. Muchas veces no nos damos cuenta de lo que tenemos realmente a nuestro alrededor, como las cosas simples, personas o situaciones por las que debemos dar las gracias. Podemos empezar a trabajar la gratitud diariamente, tenerla más presente en nuestras vidas y estar más conscientes de nuestros afectos y dones.

El detalle es que para agradecer verdaderamente, debes valorar TODO lo que tienes alrededor. La gratitud también se trata de valorar esos pequeños detalles. Sí, pero fíjate que empiezas a agradecer cuando comienzas a creer en ti.

Cuando reconoces el valor que tienes como persona, empiezas a apreciar todo lo que tienes en tu vida. Muchas veces decimos, "bueno, yo agradezco porque tengo salud y ya". Sí, eso es verdad, porque sin salud no se puede tener nada, pero muchas veces no agradecemos que estamos bajo un techo, que podemos comer, que todavía tenemos a la familia (aunque algunos estemos lejos), que tenemos dos brazos, dos piernas, que podemos expresar lo que sentimos y que nos podemos sentir libres, que podemos comprar nuestras cosas o que estamos trabajando.

¿Por qué no lo agradecemos? Porque nos acostumbraron a obtener las cosas rápidamente y sentimos que, al tenerlas muchas otras personas, no necesitamos estar agradecidos por eso. No las consideramos especiales, extraordinarias o diferentes, sino iguales a las de los demás. Creemos que no es necesario agradecer nada de eso porque nos parece común y corriente, y muchas veces solo sentimos gratitud por lo que valoramos más o lo que nos hace destacarnos sobre los demás. Ese es un gran error. Si, por ejemplo, tengo fortuna económica, agradeceré porque tengo mucho dinero y no porque estoy vivo y puedo disfrutar de ello. Eso no es agradecer, porque si me llegase a faltar el dinero, me sentiría como si estuviera muerto. Pero si me valoro como persona y puedo tener las cosas que deseo, puedo agradecerlas y disfrutarlas al mismo tiempo que valoro lo pequeño y habitual.

Para corregir esa actitud y poner en práctica el agradecimiento, no necesitas poseer cosas extraordinarias. Simplemente, observa a tu alrededor; agradece por tener una cama donde descansar, por poder trabajar en tu computadora y tener un día más de vida para ayudar a otra persona. Agradece el poder sonreír, tener una mascota, o escuchar música.

¿Sabes qué es lo más importante de practicar la gratitud? La respuesta es que al hacerlo sabes vivir el momento. Cuando vives el momento, experimentas algo magnífico, esa tranquilidad, esa paz, porque estás viviendo verdaderamente el momento. Es como si vivieras el último día antes de fallecer. Tratarías de disfrutar al máximo.

El gran error que comete todo el mundo es que no sabe cuándo se irá. Podemos irnos hoy, mañana, pasado mañana o cualquier día, porque todos vamos a morir. Todos los días ocurren accidentes, sucede algo, y muchas personas mueren, no solo por enfermedad, sino de manera trágica o debido a circunstancias violentas. Sin embargo, a menudo no agradecemos el tener un día más de vida. No vemos el valor de mirarnos en el espejo y sonreírnos. Simplemente nos lavamos la cara, nos cepillamos, nos cambiamos y nos vamos, pero no nos damos tiempo para detenernos frente al espejo y decirnos: "Me siento orgulloso de mí mismo. Agradezco mi presente, mis afectos. Respiro, estoy vivo".

Cuando comienzas a apreciarte y valorar tu tiempo, empiezas a agradecer todo lo que tienes alrededor en tu vida. Este agradecimiento debe ser genuino, porque, ¿de qué sirve agradecer si no lo sientes? Debes sentirlo para expresarlo auténticamente. Es similar a decir "te amo". Puedes decirlo a muchas personas sin sentirlo, pero ¿qué valor tiene? Cuando dices "te amo" y realmente lo sientes, incluso la forma en que lo expresas es completamente distinta.

¿Qué es lo primero que debe hacerse para comenzar a practicar la gratitud? Valorar tu presente, tu tiempo, y todo lo que tienes a tu alrededor, pues quizás no te has dado cuenta de ello.

Sobre el amor y sus infinitas variantes

Una de las razones por las que la gente sufre más es porque siente que no tiene amor en su vida, y a veces se debe a que no sabe identificar o percibir el amor que hay a su alrededor en todas sus facetas. Les resulta difícil descubrir que se manifiesta a través de otros aspectos como la amistad, el servicio a los demás o la apreciación de las pequeñas cosas, incluso cuando falta el amor romántico, el amor de un hijo o el amor de un familiar.

Hay muchos momentos en tu vida que te hacen dudar del amor, de la felicidad, de las ganas de vivir. Voy a hablar de algunas de esas instancias desde mi experiencia espiritual.

Cuando fallece un ser querido, como un padre, una madre, un hijo o hija, una pareja, el familiar que lo ha perdido siente como si algo se desgarrara. Experimentan un profundo dolor porque, aunque aman intensamente, a veces no lo demuestran. Valoramos tan poco a nuestros seres queridos en nuestra vida cotidiana que, lamentablemente, a menudo solamente nos damos cuenta de su importancia después de perderlos. A veces, se menciona mucho el amor familiar, pero no siempre se le otorga la prioridad necesaria. Hasta cierto punto parece como si no amáramos, porque no le dedicamos el tiempo necesario a nuestros afectos. Y cuando esa persona a quien descuidamos se va, surge el sentimiento de culpa. Las personas llegan a mi consulta entristecidas y dicen: "pude compartir más con él o ella, o hubiese podido amar mucho más, pero no lo hice". Ese es el gran dolor de muchas personas, cuando empiezan a recibir todas los mensajes bonitos que desde el otro lado sus seres queridos les manifiestan en una consulta.

También puede suceder que alguien tenga mucho en todos los aspectos: familia, dinero, todo. De un momento a otro, pierde todo en su vida: pareja, estabilidad económica, todo. Sin embargo, comienza a valorarse a sí mismo, a cultivar el amor propio y a comprender que no todo es material. Entiende la importancia de dedicarse más tiempo, de creer y confiar en sí mismo. Se da cuenta de que puede sentirse como un niño y comprende que antes que nada, primero está él. Antes de dar cariño y amor, es crucial dárselo a uno mismo. A veces, esta comprensión no se revela hasta que perdemos algo significativo en nuestra vida.

Por otra parte, el amor hacia una pareja, diría que no es algo que se pueda expresar con palabras; es algo inefable, una sensación que simplemente se experimenta, y casi no se puede describir ni tener control sobre ello. Sientes felicidad, pero antes de amar intensamente a otra persona, es crucial tener amor propio. Debes comprender que no necesitas la felicidad de otra persona para alcanzar la tuya, porque cuando amas mucho a alguien pero careces de amor propio, no estás expresando amor real, sino más bien sintiendo su ausencia y anhelando su presencia. Son cosas muy distintas.

Con respecto a los hijos, no he vivido la experiencia de ser padre, pero según lo que he observado en las sesiones que he tenido con personas que han perdido a un hijo, es una de las experiencias más dolorosas para una madre o un padre. La peor, sin duda. Lo afirmo porque especialmente las madres, me han compartido que al perder a su hijo, sienten que una parte de ellas también se va con él, y al no tenerlos, experimentan una soledad abrumadora, incluso si tienen otros hijos. ¡El dolor que experimentan es inmenso! La madre siente que, aunque su hijo estuviera enfermo, tal vez no pudo hacer nada, pero podría haber dado su propia vida por él. Esto genera culpa y un dolor profundo.

Muchas veces los hijos en las consultas le dicen a la madre desde el otro plano que no tienen por qué sentir culpa, que no tienen nada que perdonarles, porque ellas hicieron todo lo posible. El amor de una madre hacia un hijo es algo que no se va a comparar con nada.

Ahí es cuando empiezas a comprender que tu madre es única, que tu padre es único, por tanto que te aman y esa es la esencia de la vida. He visto que esto sucede con más frecuencia con las madres, porque ese lazo es algo tan intenso que la persona ya no encuentra sentido a su vida cuando parte ese niño o ese hijo, de la edad que sea, para la madre es muy duro.

Desde mi experiencia, he observado que las madres sienten un amor inmenso, tan fuerte que es algo que no se rompe jamás. A pesar de que en algunas ocasiones he visto casos en los que el hijo trata a la madre muy mal, ella siempre lo seguirá amando. Es que el amor de madre es inmenso, es la verdad.

Y cada amor es totalmente distinto, depende de las circunstancias personales. He conocido casos de personas que me han dicho: "Gabriel, es que yo amo demasiado a esa persona y siento un amor increíble, pero me siento ahogado". Con el tiempo, regresan y confiesan que comprendieron que sí amaban en esa relación, pero no era amor verdadero. Estas personas luego comenzaron a dedicarse más tiempo a sí mismas, se dieron amor propio y encontraron a otra persona que resultó ser el amor de sus vidas. La expresión de sus ojos era totalmente distinta a como era antes. Su mirada, su expresión física, la energía que irradiaban.

Lo que quiero decir es que cuando amas a una persona, o incluso cuando te obsequias más tiempo para ti y te das amor a ti mismo, tu forma de pensar, tu mirada, tu expresión, tu postura corporal cambian al cien por ciento. Sin embargo, diría que para comenzar esas etapas y para valorar cada una de ellas, primero tienes que pasar por eso y ver qué es lo que tú tienes que aprender de esa experiencia.

A nivel energético, el amor se expresa en distintos colores, es decir, puedes percibir el amor verdadero a través de la energía. Claro, eso sucede con el amor verdadero. Si logras percibirlo energéticamente en una persona, se presenta de una manera muy brillante, muy reluciente. Si empiezas a meditar, a sentir y a decir: "YO SOY AMOR", te llenas de amor, confianza y tranquilidad en tu ser interior, aprendiendo a quererte por lo que eres y no por lo que otros esperan o las circunstancias quieren que seas, entonces esa luz vendrá desde dentro de ti.

Cuando una persona empieza a descubrir el propósito y sentido de su vida, a nutrir el amor propio y a manejar su energía vital, es entonces cuando puedes verla resplandecer en colores como el dorado, violeta, blanco, azul y verde. Pero el matiz del amor se presenta de una manera tan brillante que te ciega y no puedes ver. Es como cuando el sol te golpea los ojos.

Hablemos de la felicidad

Muchos sostienen que la felicidad es efímera, y la mayoría de las personas tiende a creer en esa idea. Sin embargo, según mi experiencia, no es que la felicidad sea momentánea, sino que persistimos en cometer los mismos errores, y es por eso que nuestra propia felicidad no perdura.

Es decir, seguimos permitiendo circunstancias en nuestras vidas que propician que nos sucedan cosas complicadas. Pero cuando te tomas un tiempo para ti, cuando comienzas a dedicarte a tus asuntos personales, empiezas a comprender que la felicidad es algo que puedes alcanzar como persona. Y puedes tenerla por mucho tiempo, hasta que te mueras, pero ¿sabes por qué te digo que se puede obtener felicidad y no es momentánea? Porque cuando logras cumplir tus objetivos y tu misión de vida, experimentas una plenitud y una tranquilidad tan intensas que todas las complicaciones que antes parecían enormes ahora las ves diminutas. Las abordas con facilidad, y tu manera de expresarte también cambia. La felicidad genuina no es efímera cuando la cultivas correctamente.

La Ley de Atracción

¿Cómo podemos practicar más la Ley de Atracción en nuestra vida diaria? Simplemente debemos mantener muy buenas energías y sentirnos en el momento. Si deseo un carro, debo visualizarme en él. Aunque esté acostado en la cama, puedo sentir que estoy conduciendo el carro. Deseo intensamente ese vehículo y me sumerjo en la experiencia, al igual que un actor que se involucra en el papel que está interpretando. Necesito trabajar internamente en ello para que sea creíble.

Así es. Cuando lo haces, empiezas a atraer lo que visualizas. Sin embargo, ten en cuenta que la Ley de la Atracción no se limita necesariamente a cosas materiales, ni sucede instantáneamente; puede atraerse con el tiempo, ya sea en una semana, dos meses o incluso años.

Conseguir lo que deseas, ya sea a nivel espiritual, personal, de pareja, de trabajo, de amor, o metas financieras y proyectos, puede llevar mucho tiempo. Esto dependerá de tu fuerza, determinación y constancia al practicar la Ley de Atracción y alinearla con tus acciones para lograr tus deseos. Si te la pasas diciendo "quiero esto, y esto, y esto" pero no te enfocas realmente en lo que deseas, no lo atraerás.

Por ejemplo, al tratar de atraer a la pareja correcta o mejorar tus relaciones, es esencial darte más tiempo para ti. Debes aceptar lo que realmente quieres y analizar si lo que deseas en ese momento es lo mejor para ti. A veces, atraemos lo que no nos conviene o nos dejamos llevar para complacer a otros.

Realiza un análisis profundo, escribe tus deseos, ubícate en el presente, proyéctate en el futuro, pero enfócate en ti mismo y no solo en la persona que deseas tener como pareja. Notarás que tu forma de interactuar con la Ley de la Atracción cambiará, permitiéndote discernir mejor si esa persona es la correcta, si es un capricho o algo que realmente deseas, y lograrlo te hará bien.

Superar los temores

Otro tema que paraliza a muchas personas es el miedo. Es esa parte que existe dentro de nosotros, como una nube oscura que llevamos por dentro. ¿Cómo enfrentar eso? En mi vida, he experimentado temor a muchas cosas, pero es importante entender que esa sensación es útil, es parte de nuestra evolución y un arma de supervivencia. A menudo lo percibimos como algo negativo, aunque en realidad nos enseña a prestar atención y a intentar comprender aspectos de la vida que tal vez no dilucidamos de buenas a primeras.

El miedo nos brinda lecciones sobre la importancia de creer en uno mismo, de actuar de una vez, y de comprender que debemos administrar nuestro tiempo, ya que este sigue pasando. ¿Miedo de qué? ¿Miedo a quedarse sola o solo? El temor te hace comprender la necesidad de valorar más a tu familia. Al experimentarlo aprendemos a valorar más a nuestros seres amados. Aunque solemos afrontarlo como un aspecto negativo debido a nuestras creencias, en realidad, nos permite evolucionar y aprender más.

Ahora bien, para responder a una situación de temor ante una amenaza real, inminente o paralizante, es necesario tomar medidas específicas.

La primera acción es identificarlo y aceptarlo en el momento. La segunda consiste en enfrentarlo. A pesar de las dificultades, es crucial confrontarlo. La tercera etapa implica superarlo, pues al darle cara a esa situación y lograr atravesarla, experimentarás una sensación de asombro y satisfacción al darte cuenta de que ese temor parecía abrumador, pero ahora que ya lo has vencido lo ves de manera más sencilla.

Este proceso nos demuestra cómo la vida puede sorprendernos con desafíos aparentemente difíciles y obstáculos desalentadores. Pero son situaciones complicadas y retos para poner a prueba nuestra determinación. Aunque en ocasiones nos enfrentemos a circunstancias desafiantes que generen temor, es fundamental decidir entre rendirse o seguir avanzando.

Ningún camino en la vida es fácil; todo presenta desafíos de diversas maneras. En ocasiones, experimentamos el miedo intenso que no nos deja avanzar, pero la esperanza de seguir adelante puede provenir de tu hijo, tu esposo, tus padres o esa persona especial en tu vida. La familia, en muchos casos, se convierte en un pilar emocional que brinda apoyo para superar los momentos difíciles y avanzar.

A menudo, quienes se ven paralizados por el temor no se dan cuenta de que tienen la capacidad de enfrentarlo personalmente, incluso si están solos. Aunque admito que no es fácil, cuando nos vemos abrumados por situaciones desafiantes en la vida, la recomendación es enfrentar esas situaciones. Buscar ayuda y adoptar una perspectiva práctica puede marcar la diferencia. La vida se vuelve menos complicada cuando evitas enredarte demasiado en tus pensamientos.

Cuando la mente está llena de complicaciones, tiende a pensar en muchas cosas negativas, y llega un momento en el que te cansas mentalmente y te desgastas. En lugar de eso, intenta cortar tus pensamientos, enfócate en ideas positivas y encontrarás soluciones a los problemas personales que puedas tener. Así vas a encontrar mucho más fácilmente las soluciones a cualquier situación u obstáculo que se presente sin verte paralizado por los temores.

A veces las personas han perdido a ese alguien que solía ayudarlos a enfrentar los miedos y es cuando vienen a la consulta desesperados, y su ser querido, que comprende lo que están pasando, les insta a no rendirse. Les anima a seguir adelante, a aprender a lidiar con esa situación, a confiar en sí mismos, a conectar con su intuición y a escucharse a sí mismos. Les insta a no permitir que el miedo, la culpa o los resentimientos los detengan en sus propósitos y a vivir plenamente, estando presentes en sus vidas en vez de abandonarse a las circunstancias.

El desapego

Hablando de superar esos miedos, resulta esencial trabajar en el desapego y aprender a dejar ir, dado que en ocasiones nos aferramos a problemas, personas, situaciones o lugares. Aquí radica la importancia de comprender el desapego y practicarlo cuando sea necesario.

En ciertos momentos, es imperativo soltar, liberar a esa persona o dejar atrás ciertos lugares. ¿Por qué? Porque estas situaciones pueden convertirse en obstáculos para alcanzar la felicidad, sanar el pasado, vivir el presente o permitir que surja un nuevo amor, especialmente si te aferraste al pasado.

¿Cómo saber cuándo es el momento adecuado? Cuando te das cuenta de que te estás haciendo daño a ti mismo. ¿Cómo lograrlo? El proceso es similar al de sanar tu pasado: confrontar, llorar, soltar, perdonar y seguir adelante.

Esto implica adentrarte en tu interior, donde guardas esos sentimientos, soltar a esa persona y luego expresar tus sentimientos a través de una carta o palabras. Al reconocerlo y enfrentarlo, puedes decir: "Yo te perdono, te suelto. Deseo lo mejor para tu vida, pero sigue tu camino", cortando así y cerrando esa historia. La clave de todo eso es ser sinceros. Si lo haces sólo por apariencia, no lo vas a lograr, pero si lo haces porque realmente quieres superarlo y porque te has dado cuenta de que te hace mucho daño y quieres en verdad soltarlo, lo cortas de una vez de raíz y por completo.

También es importante comprender que hay personas a las que les agrada quedarse atadas, frustradas, ancladas en una relación fallida o en una situación de sufrimiento. En cuanto a las relaciones amorosas, he conocido individuos que expresan: "Gabriel, me aferro a este amor y no puedo soltarlo, llevo muchos años con esto", y aunque saben que deben soltarlo, quizás por tratarse de su primer amor, no logran salir del círculo vicioso no porque no puedan, sino porque en el fondo no quieren. Y al no querer, es algo que verdaderamente nunca van a dejar atrás.

La clave radica en que desees dejar ir a esa persona, a eso que perdiste o a ese lugar que anhelas. Existen diversas formas de abordar esto; simplemente trata de no olvidar, ya que olvidar puede resultar difícil, pero sí enfócate en tu propia sanación interna. La meditación puede ser de gran ayuda, al igual que los consejos de los seres queridos que nos han dejado y que nos observan sufrir desde el otro lado.

Puedes recordar, y está bien hacerlo, lo que más amaste o lo que más te gustó. Confronta lo que más odiaste en ese momento y suéltalo. Déjalo ir, asume la idea de que eso ya pasó y que puedes vivir libre de lo que sucedió y de las personas que te causaron ese sufrimiento. Esto te permitirá desapegarte de esa persona, de esos sentimientos y de los hechos dolorosos y conservar lo bello, lo que te hace sentir feliz.

Alcanzar la paz

Siempre me preguntan: "Gabriel, ¿cómo puedo alcanzar la paz?". Ya he compartido que es mi objetivo principal y trabajo activamente para lograrlo. Practico la meditación, brindo ayuda a las personas y busco la serenidad a través de la reflexión.

¿Y cómo pueden las personas encontrar la paz y la tranquilidad? Es posible que la paz completa nunca se alcance hasta la muerte; eso es una verdad innegable. Sin embargo, la tranquilidad en la vida, esa sensación de plenitud personal y bienestar espiritual, son metas alcanzables y muy diferentes. La paz espiritual se siente como algo magnífico, aunque sea momentáneo mientras estás vivo, ya que la vida siempre nos presenta altibajos, momentos de plenitud y tristeza. Y después lo obtienes cuando mueres. La paz verdadera se obtiene al final de nuestro viaje terrenal.

Debes sentirte pleno y satisfecho contigo mismo para obtenerlo. Quizá hayas atravesado situaciones difíciles en tu vida, aprendiste a encontrar la risa en medio de los desafíos, ayudaste a otros y viviste tu presente. Amar tu soledad es parte del proceso. Es comprender que la felicidad reside en ti, que puedes elegirte a ti mismo en lugar de esperar ser elegido por otros. En ese momento comienzas a experimentar esa tranquilidad y plenitud personal que tanto deseas.

No es algo que suceda de un día para otro, ya que con el tiempo aprendes más, comprendes más y evolucionas. Para entender todo esto y saber cómo lo estás haciendo, has tenido que atravesar un proceso. Es necesario pasar por experiencias de vida, superar desafíos, sanar relaciones y enfrentar problemas para alcanzar la tranquilidad.

Necesitas pasar por todas estas experiencias en tu vida para lograr paz, porque si no vives todas esas circunstancias, no vas a sentirte tranquilo. ¿Cómo va a suceder si no vas sanando tu pasado, si no haces nada por resolver tus problemas amorosos y no haces nada por reconciliarte o curar las relaciones con tu familia, o si no haces nada para superarte o conseguir tu estabilidad económica?

Si no te esfuerzas, nunca vas a obtener tranquilidad, no la conseguirás hasta que enfrentes y sueltes todas estas situaciones que ocurren en tu vida. Entonces, la clave es soltar todo eso que te abruma y enfrentarlo para que puedas llegar al equilibrio vital. Cuando pases al otro plano, cuando haya llegado tu momento, del otro lado solo hay energía, y esa es una paz distinta a la terrenal.

La muerte no existe

Voy a responder a dos preguntas: el miedo que sienten algunas personas hacia la muerte y la creencia de otros que afirman que la muerte no existe. Todo es energía; todo forma parte de la energía. Puedo sentir nervios al pensar en morir, no miedo, pero sí nervios.

A menudo, las personas me preguntan: "¿Cómo puedo superar el miedo a la muerte?". Para liberarte de ese miedo, debes hacer todo lo que desees en tu vida. Todo, absolutamente todo, y expresar todo aquello que necesitas decir.

Entonces, cuando tú haces todo lo que quieres en esta vida, cuando te vas a morir, dices "ya me puedo morir, porque hice todo lo que yo quise hacer, todo lo que yo deseé".

Cuando realizas todo lo que deseas en esta vida, al enfrentarte a la muerte puedes decir: "Ya puedo partir, porque he hecho todo lo que quise hacer, todo lo que deseé". Muchas veces, el miedo a la muerte surge porque las personas sienten que no han vivido lo suficiente o que alguien aún les necesita.

Hay personas que pudieran decir "me quiero ir" —y quizá pensarás que nadie va a decir "yo me quiero ir"—. Pues sí, fíjate que sí. Y no hablo de los suicidas, sino de las personas que dicen que ya se quieren ir, porque sienten que han aprendido todo lo que debían. Comienzan a sentirse plenos y satisfechos, respiran tranquilos y no se desaniman si se acerca la muerte, porque creen que ya han cumplido su misión de vida. A lo mejor alguien dirá, "Gabriel no, pero si yo tengo todo y no quiero morirme". Es así, pero a lo mejor cuando tú sanes todo, cuando enfrentes y hagas todo en tu vida, vas a decir: "ya cumplí con mi objetivo en este mundo. Siento esa tranquilidad espiritual, ya no tengo miedo a morir. Cuando me toque irme, me iré", y disfrutarás el presente con tus familiares, con tus hijos, con tus nietos. Eso es lo que va a pasar.

Ahora, ¿qué pasa si la persona no cree que existe vida en el otro lado? Quizás no voy a hacerles cambiar de opinión, y menos de un momento a otro, porque despertarán en el momento que quieran hacerlo, pero sí puedo decir que todo el mundo, absolutamente todos, al perder a un ser querido recibimos señales de ese ser querido, en cualquier aspecto, y son señales que muchas veces no podemos explicar.

Esas señales no son parte de la imaginación. Aunque haya personas que evitan recordar esos momentos porque saben que van a ser juzgadas si dicen que los seres queridos se les manifestaron, o les duele recordar el momento de la pérdida.

Incluso algunas personas que me dicen que no creen, tuvieron sus experiencias. Simplemente no lo quieren aceptar. Son cosas distintas, pero en mi experiencia de vida, y en todas las sesiones que he realizado, y todos esos seres queridos que se han comunicado, puedo decir que la vida después de la muerte existe.

Lo afirmo no solamente porque poseo facultades de médium, sino porque he sido testigo de cómo los seres queridos hacen todo lo posible para hacerse sentir en la familia o en las personas con quienes se relacionaron. Y esa es la realidad que veo regularmente en mis consultas, caminando por la calle, en el autobús. Con respecto a ese punto, las personas que se han ido al otro lado están siempre intentando comunicarse con sus seres queridos, de muchas formas, con pequeños detalles que hay que aprender a percibir. Incluso, muchas veces es para hacerles saber que están bien en el otro lado, que no se preocupen, que no sufren, que ya han visto la luz.

Despedir a nuestros muertos

A veces, las personas encuentran dificultades al decidir qué hacer con las cenizas de sus seres queridos, especialmente si están en un país lejano y no desean enterrarlos en un cementerio o depositarlos en una cripta en tierra ajena.

La opción de esparcir las cenizas a veces genera sentimientos de culpa o pesar, ya que implica desprenderse de los restos que una vez fueron el cuerpo de su ser querido. Sin embargo, es importante recordar que el espíritu ya no necesita ese cuerpo, y nuestros seres queridos están con nosotros a donde vayamos. Por lo tanto, es completamente aceptable permitir que sus cenizas vuelvan a la tierra en un lugar hermoso, que quizás tenga algún significado para quien esparce las cenizas o para quien fue su ser querido en vida, como el mar, la montaña o la naturaleza.

Este acto también puede ayudar a completar el tránsito y cerrar el duelo, pero debe realizarse con respeto, eligiendo un lugar donde sea legal hacerlo, no contaminar y evitar dejar ánforas o cajas en lugares protegidos, ya que esto podría llamar la atención de animales, ladrones o autoridades. Al llevar a cabo la ceremonia, elige cuidadosamente las palabras, alguna oración significativa, y congrega a quienes deban acompañarte para decir "hasta siempre" a tu ser querido. Te sentirás aliviado por haber completado ese ciclo.

En busca de la luz

Cuando falleces, es como cambiar de estado, como ir de sólido a gaseoso; te desprendes de tu forma física y adquieres otra que es pura energía. El paraíso no es un lugar físico, como lo conocemos en nuestro plano terrenal. Es energía, pura energía alrededor. He entrado en ese campo y es algo inexplicable, sientes tanta paz y tranquilidad que en adelante vivirás en amor. No hay nada malo, vibras en amor y solo experimentas cosas buenas. En ese momento y en ese campo, todo es muy reluciente, blanco, dorado y brillante. No hay árboles ni cosas así; es pura energía. Imagina que ese paraíso es tan reluciente y hermoso que desearías quedarte allí. Y repito, no es un campo; simplemente, es un lugar donde los seres queridos no sufren ni sienten dolor, sino que vibran en amor. Es pura energía.

Esa energía es muy brillante, y en ese estado te sientes pleno y satisfecho. Allí estudias tus próximas reencarnaciones para aprender todo lo que debes superar, pero solo ves energía. No hay casas ni edificios; solo ves almas. Estas almas cambian y aprenden mientras evolucionan. No ves personas caminando, son almas puras que evolucionan y siguen su tránsito para aprender. Es muy hermoso, se siente muy bien estar allí. Por eso, la mayoría de las personas que han tenido experiencias cercanas a la muerte cuentan que querían quedarse en el otro lado, pero uno o varios espíritus les dijeron que no era su momento. Como el lugar es tan bonito y placentero, el alma de esa persona quería quedarse en el otro lado. Si no fuera por el Ángel de la Guarda, que le dijo: "No puedes quedarte, no es tu momento", la persona se habría quedado.

¿Por qué, entonces, tenemos miedo de morir? Si las personas que han regresado dicen que quisieron quedarse, ¡imagínate qué tan bonito puede ser ese lugar y qué tan maravilloso será para que tantas personas lo hayan manifestado! Esto hace que te sientas en confianza y dejes de tener miedo, porque todos, tarde o temprano, vamos a llegar allí. Claro, le tenemos miedo a lo desconocido sin saber que puede ser algo hermoso estar del otro lado. Cuando alguien está a punto de morir, no es que se abra un portal; los espíritus siempre están con nosotros, pero en ese momento, como estamos a punto de irnos, ya los podemos ver. Puede ser uno o varios, eso depende de la persona.

Yo soy amor

La frase "YO SOY AMOR" tiene un gran poder en mi esencia espiritual de amor y fortaleza, y proviene de tiempos remotos. En la época de Jesús, él hablaba de "yo soy amor", conectándose a su alma y con la fuente. El "yo soy" hace referencia al ser, a ese estado de conciencia más elevada que es intangible. El "yo soy" es algo que no se puede tocar pero sí se puede sentir, y te conectas con la fuente. Aunque suene trivial, repetir "YO SOY AMOR" te eleva y te conecta con la conciencia más evolucionada. No desde lo físico, sino desde lo espiritual, ese lugar donde todo se crea primero antes de ser materializado.

Entendiendo a "YO SOY AMOR" como esa conexión con el alma y el ser, con las vibraciones más altas y la frecuencia donde el ser humano fluye desde su estado más genuino y se abre a los milagros y bendiciones. TODO ES POSIBLE y somos simplemente creadores de nuestras vidas, ya que a cada momento estamos eligiendo. ELIGE siempre ser la vibración más alta, el milagro más grande, la elevación más ALTA en tu vida, partiendo siempre de "YO SOY AMOR". Dilo conscientemente, constantemente y conecta su gran poder y verás cambiar tu propia evolución en tu vida. El amor es el camino a la sabiduría. El alma conoce perfectamente el amor. Recuerda: donde hay amor no hay miedo. El amor del ser es creador del milagro y conecta las esferas de creación más altas. Donde hay amor no hay dudas, solo fortaleza y la certeza de que ya eres la creación de la fuente de la vida.

Siempre decide ser amor. Desde ese lugar se producen las cosas más maravillosas en tu vida. El amor se presenta con diferentes matices, no siempre es fácil manejarlo; puede haber obstáculos, aprendizajes difíciles, fuertes situaciones de vida y en su esencia sólo nos está mostrando el gran poder que tenemos. También se presenta, como sabemos, en las situaciones más hermosas, creando magia en nuestra vida.

Recuerda, "YO SOY AMOR" es más que una frase, es una llave para fortalecer tu sabiduría, tu aprendizaje, tu evolución y tu felicidad, y tiene influencia en TODOS los aspectos de tu vida y de quienes te rodean. Úsalo con frecuencia, pues la energía del amor es inagotable y poderosa".

Vive como si fuera tu último día

Como mensaje final, quiero decirte que debemos trabajar en el despertar de conciencia y evolución del alma para entender la vida desde otro nivel, donde el sufrimiento es opcional cuando conectas con tu alma para avanzar y evolucionar desde ese lugar.

Así el ego no tiene fuerza ni presencia y el alma no duda, conoce los caminos de la vida, es sabia, nos eleva y nos prepara para la siguiente reencarnación.

Cuando eliges trabajar en tu alma y despertar la conciencia —lo cual no es más que vivir desde un lugar más evolucionado del ser—, conectas con la felicidad y comprendes que la culpa no existe, que el sufrimiento es opcional y que nadie tiene el control de tu vida, solo el alma.

Una conciencia despierta no conoce de apegos, límites, miedo y mucho menos lo imposible.

Una conciencia despierta y conectada con el alma es la mejor fórmula para vivir en plenitud, sabiendo que somos los creadores de nuestra vida y que hemos venido a la tierra a ser felices, evolucionar y estar al servicio de otros desde el amor. ¡Vive!

Preguntas frecuentes
y elementos de protección

Preguntas más frecuentes

Cuando las personas acuden a mí, generalmente éstas son las preguntas que más escucho, aparte de los asuntos personales y consultas sobre sus seres queridos. Esta lista te puede servir para explorar tus propias inquietudes y adentrarte en el camino espiritual y una vida con consciencia más elevada. También pueden servir como temas para discutir y tratar en profundidad si deseas contactarme para sesiones personales, trabajar en tu despertar de conciencia y desarrollo de dones, o simplemente para ahondar en tus conocimientos, o si deseas buscar lecturas para complementar tu búsqueda espiritual, abrirte a la intuición y seguir tu evolución personal.

1. ¿Qué es la espiritualidad?
2. ¿Cuál es la diferencia entre religión y espiritualidad?
3. ¿Cómo puedo encontrar mi propósito en la vida?
4. ¿Qué son los chakras y cómo se equilibran?
5. ¿Cuál es el significado de los sueños?
6. ¿Cómo puedo conectar con mi yo interior?
7. ¿Qué es la meditación y cómo se practica?
8. ¿Cuál es el propósito de la vida?
9. ¿Cómo puedo superar la negatividad y el estrés?
10. ¿Qué son las prácticas de sanación energética?

11. ¿Cómo puedo desarrollar mi intuición?
12. ¿Cuál es el papel de la gratitud en la espiritualidad?
13. ¿Cómo puedo encontrar paz interior?
14. ¿Qué significa vivir en el presente?
15. ¿Cómo puedo cultivar el amor propio?
16. ¿Cuál es el significado de la conexión con la naturaleza?
17. ¿Qué son las afirmaciones y cómo se usan?
18. ¿Cómo puedo perdonar y soltar el pasado?
19. ¿Cuál es la importancia de la alimentación consciente?
20. ¿Cómo puedo trabajar con cristales y piedras energéticas?
21. ¿Quiénes son los guías espirituales y cómo se comunican?
22. ¿Cuál es el camino hacia la iluminación espiritual?
23. ¿Cómo puedo manejar la pérdida y el duelo desde una perspectiva espiritual?
24. ¿Qué significa vivir una vida auténtica?
25. ¿Cómo puedo mantener una práctica espiritual en mi vida cotidiana?
26. ¿Qué es la Ley de Atracción y cómo puedo aplicarla en mi vida?
27. ¿Diferencia entre el ego y el alma?
28. ¿Cómo puedo liberar el miedo y la ansiedad desde una perspectiva espiritual?
29. ¿Qué significa vivir en armonía con el universo?
30. ¿Cómo puedo encontrar equilibrio entre mi vida espiritual y mi vida cotidiana?

Palo Santo

El palo santo ocupa un lugar sagrado en muchas tradiciones y prácticas holísticas. Originario de Sudamérica, se utiliza por su aroma calmante y sus propiedades purificadoras.

Se cree que al encenderlo limpia la energía negativa e invita a las vibraciones positivas. En los rituales, es una forma de conectar con el reino espiritual. Ya sea en meditación o en ceremonias de purificación, esta madera sagrada sirve de puente entre la Tierra y lo divino, fomentando la paz, la curación y la armonía.

El palo santo que se consigue en herbolarios y farmacias no es cualquier madera. Procede del árbol Bursera graveolens, de la familia de los cítricos, y crece de forma silvestre en América Central y del Sur. Procura conseguirlo preferiblemente en su forma natural y podrás disfrutar el delicioso aroma y las propiedades de este regalo de la naturaleza, que cuenta con aplicaciones ideales conocidas por antiguos chamanes, quienes lo usaban para la elevación espiritual, curación y protección.

Incienso

El incienso, un elemento holístico venerado, ha sido utilizado en rituales por culturas antiguas durante siglos. Se obtiene a partir de materiales vegetales aromáticos como resina, hierbas y aceites esenciales. Se cree que encender incienso purifica los espacios, calma la mente y conecta con lo divino. Su relajante fragancia tiene propiedades curativas y fomenta la tranquilidad y la espiritualidad. En culturas de todo el mundo, desde Asia hasta América, el incienso desempeñaba un papel fundamental en las ceremonias religiosas, la meditación y los rituales de limpieza. Esta antigua tradición perdura, ya que el incienso sigue siendo un símbolo de serenidad y sacralidad en nuestra vida moderna, y continúa enriqueciendo nuestros sentidos y espíritus.

Sales

Uso la sal en las limpiezas del hogar, en las esquinas de la casa, en las puertas, si hay energías negativas en alguna habitación, porque la sal siempre se ha utilizado para limpiar los hogares de energías negativas y espíritus indeseables. En tiempos antiguos la sal era muy valiosa, pues se usaba para conservar la carne, y no todo el mundo tenía acceso a ella, a menos que viviera cerca del mar o de un depósito natural. Sin embargo, se creía que una simple línea de sal trazada en las puertas o ventanas actuaba como barrera protectora, asegurando que sólo las energías positivas encontraran el camino hacia el interior.

Hay una profunda conexión entre la sal, la espiritualidad y el mantenimiento de una vida más sencilla y armoniosa, ese es el gran valor holístico de la sal, que además de ser accesible y económica, tiene muchos usos.

Además, en sus diversas formas, las sales tienen beneficios terapéuticos que van más allá del ámbito culinario y espiritual.

- La sal de Epsom, por ejemplo, es famosa por sus propiedades calmantes para el baño, que alivian los dolores musculares y el estrés.
- La sal rosa del Himalaya, de tono rosado, es apreciada por su rico contenido en minerales, que se cree favorecen la calma y la salud mental.

Limón y naranja

Las culturas del Mediterráneo oriental tienen una rica historia de uso de los cítricos como amuletos de la suerte y ayudantes espirituales. Se creía que los cítricos, como los limones y las naranjas, poseen cualidades protectoras y purificadoras.

Usos y prácticas

Para ahuyentar espíritus malignos: Los cítricos se colocaban en las casas, a menudo cerca de la entrada, para ahuyentar a los malos espíritus. Se creía que los colores brillantes y el aroma fresco de estas frutas repelían las energías negativas y atraían las vibraciones positivas al hogar.

Rituales de limpieza: En algunas culturas, los cítricos se utilizaban en rituales de limpieza. La gente se lavaba las manos o la cara con agua impregnada de limón o naranja para purificarse y eliminar cualquier influencia negativa.

Talismanes decorativos: Los cítricos también se utilizaban como talismanes decorativos. Se creía que colgar tiras de rodajas secas de limón o naranja en las casas o en los vehículos ofrecía protección y buena suerte.

Tradiciones nupciales: En algunas ceremonias nupciales del Mediterráneo oriental, los novios podían intercambiar cítricos como símbolo de purificación, suerte y un nuevo comienzo de su vida en común. Estas prácticas estaban profundamente arraigadas en la creencia de que los cítricos eran portadores de energía positiva y podían ayudar a las personas a llevar una vida espiritualmente más armoniosa y afortunada.

Agua bendita

El agua bendita es símbolo de pureza y bendición en diversas tradiciones religiosas y espirituales. A menudo la consagra un sacerdote o líder religioso y se utiliza para bendecir a personas, lugares u objetos.

Se cree que rociar o ungir con agua bendita ofrece protección y limpia la energía negativa. Más allá de los rituales religiosos, algunas prácticas holísticas y espirituales adoptan sus cualidades purificadoras. Ya sea usada como protección, en el hogar o en ceremonias personales, el agua bendita sigue siendo una fuente de conexión espiritual y paz interior.

Brazaletes

Las pulseras de protección, a menudo hechas con cordones rojos, tienen un profundo simbolismo. Se cree que el cordón rojo aleja las energías negativas y proporciona protección contra los espíritus malignos.

Muchos llevan estas pulseras para atraer la suerte, protegerse del mal de ojo y fomentar la energía positiva, pero su principal uso es para alejar a los espectros.

Es una tradición en varias culturas y se considera una práctica para el bienestar emocional y espiritual. Estas pulseras sirven como recordatorio de nuestra fuerza interior y resistencia, ofreciendo una sensación de seguridad y positividad en la vida cotidiana.

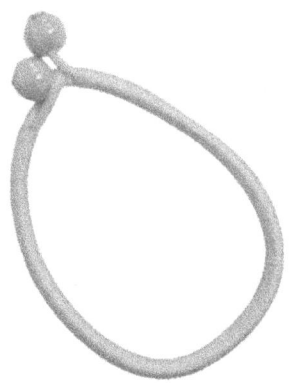

Acerca del autor

Gabriel López (Los Teques, Venezuela, 2004) es un joven venezolano que desde los cuatro años comenzó a mostrar sus habilidades psíquicas, que le permiten comunicarse con los seres queridos que ya no se encuentran en este plano terrenal. Con el paso de los años, sus dones se han desarrollado y ha continuado su crecimiento espiritual brindando mensajes de amor y luminosidad. Gracias al don de la mediumnidad, ha podido ayudar y asombrar a muchas personas, lo que lo ha posicionado como un psíquico de facultades excepcionales.

Ha hecho carrera en su natal Venezuela, en Argentina y España, teniendo impacto en la vida de miles de personas a través de las redes sociales, programas de radio y TV, consultas en vivo y personales.

Gabriel ha ayudado a infinidad de personas como médium, poniéndose al servicio de quienes necesiten su clarividencia y consejos espirituales. Su mediumnidad le permite comunicarse con los seres fallecidos. Gabriel los percibe, los ve, los escucha, los siente y puede transmitir esos mensajes a quienes sienten su partida. Poseyendo los dones del tacto y el olfato, es capaz de sentir lo que le transmiten desde el otro plano, ayudando a las personas a despedirse de sus difuntos, invitándolos a sanar, a que no sufran por ese ser querido que ya partió y que disfruten la vida recordándolos en sus mejores momentos. Además, les hace comprender que la muerte es sólo física y que los seres queridos se encuentran con nosotros todos los días y a toda hora, ya que en el mundo espiritual no existe el tiempo.

Gabriel desea compartir sus dones y su aprendizaje espiritual para ayudar a otras personas, especialmente a los jóvenes que como él poseen facultades y desean aprender a desarrollarlas, para que no sufran y sean comprendidos, facilitando su despertar de conciencia elevada. Además de realizar consultas personalizadas, Gabriel es asesor holístico, imparte conferencias y dicta charlas. Su cuenta de Instagram es un punto de contacto con miles de seguidores a quienes guía con sus mensajes diarios.

www.ingramcontent.com/pod-product-compliance
Lightning Source LLC
Chambersburg PA
CBHW071207160426
43196CB00011B/2214